2017 [笔会文粹]

甜如蜜

文汇出版社

目 录

辑 一

莫　言　　朗读与呐喊 / 3
毕飞宇　　诗歌史上最漫长的一场雨 / 11
黄永玉　　水、茶叶和紫砂壶 / 19
骆玉明　　旧作往事 / 24
蔡小容　　马纯上先生的房间 / 28
张宪光　　张岱晚年的日常生活 / 35
刘晓蕾　　《红楼梦》和《金瓶梅》的吃货指南 / 40
孟　晖　　灯花眉黛付多情 / 47
韩　羽　　灶王爷的脸谱 / 50
傅月庵　　吃什么都会想起从前 / 52

辑 二

杨　绛　　幼年往事（外一篇） / 59
王安忆　　她多么爱生活，爱得太多太多 / 65
沈　芸　　老派 / 73
朱正琳　　多一个字也不肯说的周有光 / 82

白谦慎	王弘之老师	/ 86
裘小龙	叶芝的诗与杨宪益先生	/ 98
郑　重	三十六年前的细节	/ 106
韩天衡	幽默　仁心　才情	/ 111
田洪敏	纪念H先生	/ 121
李　娟	擅于到来的人和擅于离别的人	/ 125

辑　三

迟子建	水银花开的夜晚	/ 131
韩　秀	红狐狸	/ 137
舒飞廉	甜如蜜	/ 143
鲍尔金娜	子不语三条杠	/ 148
甫跃辉	枇杷树	/ 153
裘山山	颜值这回事	/ 157
王　璞	萝卜翠，玻璃脆	/ 164
邵颖华	年味儿	/ 169
陈思呈	没病的人是无知的	/ 175
晓　寒	阳光堆在犁铧上	/ 178

辑　四

孙　郁	世情与远思	/ 185

汪丁丁	普遍肤浅时代的阅读方式	/ 188
傅　杰	朱正·周有光·数字	/ 192
林行止	"荣誉羊皮"效应	/ 195
梁永安	女性的《敦刻尔克》	/ 198
胡晓明	年画与中国美学精神	/ 201
曹景行	从手抄书谈起	/ 203
陈　村	它不仅仅是通俗文学	/ 207
李　皖	口袋里装满天塌不怕的死性？	/ 211
詹　丹	人生观和人"死"观的教育	/ 218

辑　五

冯骥才	泡在水里的威尼斯	/ 223
叶兆言	一个南京人眼里的西湖	/ 228
孙小宁	法隆寺与柿	/ 232
小转铃	走路	/ 238
路　明	小镇出来的孩子	/ 242
张　翎	那些年,学外语的那些事儿	/ 247
华　子	十年追梦	/ 253
吴　非	铁匠和理发师	/ 258
李　戎	外来人的成年礼	/ 262
郑海歌	虎丘路50号的记忆	/ 267

辑一

莫言

朗读与呐喊

今年二月初,在故乡的大街上,我与推着车子卖豆腐的小学同学"矮脚虎"方快相遇。其实他的腿并不短,但不知为啥得了这样一个外号。他满头白发,脸膛通红,说起话来有嗡嗡的回音。他自小身体健壮,力气超出同龄孩子许多。班里的男生,几乎都挨过他的揍。我也挨过他的揍,原因好像是他向我借五分钱而我没钱借给他。当我哭着去向班主任告状时,那位很奇葩的老师说:活该!他怎么不来打我呢?

方快提着我的乳名骂我阔富了忘了老同学。我说"矮脚虎"啊,我都六十多岁了,你就别叫乳名了吧?他说,你想让我叫你什么?叫你莫言?呸!

我递烟给他。他伸出沾着豆腐渣的大手接过烟,看看牌子,放在鼻孔下嗅嗅,然后夹在耳朵上,说:工作时间,不能吸烟。

与方快分别后,我想起了好多与他有关的事。他自己给自己拔牙的事,他与人打赌吃了四十个红辣椒赢了一包香烟的事,他在草甸子里追赶野兔子的事,他扛着一台重达三百多斤的柴油机在操场上转了两圈的事,还有这件我马上要写的与朗读有关的事。

方快是十分调皮捣蛋的学生,但他家是我们村里最贫的贫农,他父亲是贫农主任,在那个年代里,这样的学生老师是不能管也不敢管的,于是就有了他打我而班主任老师却说我活该的事儿。平心而论,方快是很聪明的,他六十多岁了还靠卖豆腐为生只能说他没碰上展露才华的机会。他在大街上当着很多晚辈的面喊我的乳名就说明了他对我的不服气。我获奖后有一位记者去采访他,他提着我的乳名说:"他呀,根本不行!朗诵课文,他不是我的对手;背诵课文,他不是我的对手;写字儿,他也不是我的对手;摔跤?我捆着胳膊也是他倒地……"

我们那时上语文新课,总是先由老师朗读一遍——我们的语文老师是我们学校唯一用普通话讲课的老师。他是中等师范学校毕业,在当时的小学老师里算是高学历,那时他的年龄也不过二十出头。我们那地方的人对说普通话的人有两种态度:如果你是外乡人,或是县里的干部,你讲普通话,大家都很钦佩。如果你是本地人,出去上了几天学或是当了几年兵,回来就说普通话,那就会成为被嘲讽的对象。我当兵回乡探亲时,母亲听到我的口音里有些外来的腔调,便语重心长地提醒我不要撇腔拿调让邻亲百家笑话。我曾写过一篇题名《普通话》的小说,感兴趣的读者可以找到读一下。在这样的社会风气影响下,我们对用普通话讲课的语文老师也是从心里鄙视的。只要他一用普通话朗读课文,读到那些与我们家乡话明显发音不同的字眼时,我便感到脊梁沟里阵阵冒凉气,身上的寒毛根根竖起来。在强大的习惯势力压迫下,我们的老师还能坚持用普通话讲课,现在回想起来,他也是个了不起的人物。——老师用普通话朗读一遍之后,便让我们跟着他读——我们当然不用普通话——先是一句一句地读,然后是一段一段地读,最后是让我们齐声朗读。我们齐声朗读时,老师提着教鞭在教室里转悠,辨别着我们发出的声音里,是否有对课文的故意歪曲,如有,他就会用教鞭抽打。方快是挨教鞭抽打最多的——其实也不是真打,打到略有痛感而已——但最后一次,方快夺过教鞭在屈起的膝盖上折成两截,扔在老师面前。我至今犹能记起老师的尴尬表情。老师家出身也不太好,对方快这样的赤贫子弟心怀忌惮,尽管他的尊严受到极大的挑战,但他没敢像对待我们这些学生一样——我们只要惹火了他,他就揪着我们的脖领子,把我们拖出去修理一顿——他只是蜡黄着脸说:好!方快,看我明天怎么收拾你!——明天到了,老师似乎忘了这件事儿。他给我们上了新课,领读之后,他就让我们齐声诵读,但是他不再提着教鞭巡视了。他坐在讲台后的椅子上,埋头看一本厚厚的书,那支用胶布缠起来的教鞭静静地躺在讲台上。方快虽然不是班干部,但因为他力气大,跑得快,敢跟老师作对,在同学们中很有威望。他折断了老师的教鞭,我们把他像英雄一样崇拜着,但他却好像很不高兴似的,谁提这事就跟谁急。

有一天中午,他带着我们去田野里捉了几十只青蛙,用瓦罐提到教室里,放在脚下。那天下午要上新课,课文题目是《青蛙》。老师带领我们朗读:

"每到黄昏,池塘边上有一只老青蛙先发出单音的独唱,然后用颤音发出一声短鸣,接着满塘的蛙便跟着唱起来。呱!呱!呱!……"

我们从来没像这次朗读这样兴致勃勃,这样卖力,这样愉快,这样充满期待。我们一边朗读一边偷眼看着方快,他的脸膛红扑扑的,脸上洋溢着喜气。他从来都是朗读的捣乱者，但这次成了领读者。他的嗓音洪亮，富有韵味，而且，他使用的竟是普通话，连老师也用讶异的目光看着他。这时候，我看到他用脚推倒了瓦罐，几十只青蛙争先恐后地跳出来。伴随着女生们的尖叫和男生们的怪笑，那些青蛙在教室里蹦跳着。我们看到老师变色的脸，我们听到教室里只有方快一个人还在朗读：

"……青蛙还受到科学家的另眼看待，因为许多科学试验都少不了它们……青蛙，真是一种可爱的动物……"

我们原以为老师会跟方快决一死战，但没想到在方快响亮的朗读声中，老师蜡黄的脸渐渐变得红润起来。我们老师是一个有酒涡的男人，他的脸上出现酒涡我们便知道他笑了。

方快停止了朗读，似乎有些不好意思地对老师傻笑着。老师响亮地拍着巴掌，连声说："好好好！太好了！"

此后不久，方快便当了我们班的学习委员，之后又当了班长，他成了好学生，成了老师的骄傲，成了后进变先进的典型，他参加全县小学生朗读比赛获得了第三名，一时声名赫赫，在他的面前，似乎铺开了一条撒满花瓣的道路，如果不是后来，在"文化大革命"初起的时候，他的父亲被查出"历史问题"，那他很可能会成为我们高密东北乡一个杰出人物。当然，现在也不能说他不杰出，他家的豆腐，质量很好，供不应求。

我应该是方快引发的朗读热潮中涌现出来的又一个典型。我们朗读，我们背诵，我们把语文课本一字不漏地从头背到尾，我们班的同学们一大半都达到了这水平，与此同时，朗读也使我们的写作水平大大提高，因为，我们在朗读中获得了语感。

小学五年级，我与方快都辍了学。方快力气大，加入到成年人的行列里去干活儿，挣整劳力工分；我无奈，只好去放牛，挣半劳力的工分。与大人们在一起干活儿，那是相当热闹的，干活的时间不如休息的时间长，休息时讲故事摔跤，打情骂俏。方快有摔跤天才，好多成年人都是他的手下败将。有一年在胶莱河水利工地上，方快打擂台，连摔十八位高手，一时"矮脚虎"名声大振，但那时我已经到棉花加工厂工作去了，没能亲见盛况。放牛确实不要耗费太多体力，但寂寞难熬。当牛在草地上吃草时，我便大声地背诵学过的课文，包括那篇《青蛙》，这是一件好像很励志的事儿，但实际上全因寂寞无聊所致。

在村里混到十八岁，托叔叔的面子我到离家八里的棉花加工厂当临时工，这是个令农村年轻人向往的好事儿。棉花加工厂晚上开"批林批孔"的会，厂里的团支部书记安排几个人发言，其中有我。稿子都是从报纸上整篇儿抄下来的，所谓发言，也就是念稿，谁的声音大，谁念得流利，谁念得音节铿锵，大家就给谁鼓掌。我是赢得掌声较多的，这得益于在学校时的朗读训练。在我赢得赞誉时，我想，如果"矮脚虎"在这里，出彩的一定是他。

后来当了兵，在新兵连训练时，我能慷慨激昂地念报纸的才能被指导员发现，于是他就让我在团部欢迎新兵大会上发言。调到军校后，领导错以为我文化水平很高，便让我当政治教员给新学员讲课。讲哲学，政治经济学，使用的都是大学教材，我哪里懂这些？但箭在弦上，不得不发，硬着头皮也要冲上去。方快做豆腐是现做现卖，我讲课是现学现讲，现在回想起来，真是感谢领导的信任，也感慨自己的无知无畏。

那年寒假,我背了一大堆书回家探亲。为了使开学后的课讲得从容些,我在邻居家滴水成冰的空房子里备课,讲稿写好了,就一遍一遍地读,先是小声读,读着读着就起了高声。当时我以为我讲的是标准的普通话,后来才知道我讲的是"高普"(高密普通话)。直到现在我还是一口"高普",没有稿子闲谈时,还稍微"普通"一点,一念稿子就找不着调,为什么这样呢?我也不知道。

话说当年我在邻居家的空屋子里大声朗读,半个村子里的人都能听到。那其实已经不是朗读,而是标准的呐喊,甚至是吼叫了。我的朗读吸引了很多孩子躲在窗外听,大人路过时也会透过破窗往里望几眼。我当时特别崇拜我们单位宣传科那位讲课时手势繁多的干事。我学着他的样子,面对着墙上那面模糊不清的镜子,用我以为的普通话,用我以为的演说家的动作,挥舞着手臂,呐喊着,全不顾墙外有耳,全不顾村里人的说三道四,全不顾家里人的难堪。当时,除了崇拜我们单位宣传科的干事,我还特别崇拜共产国际的领导人季米特洛夫。辍学后无书可读,我就读大哥和二哥用过的中学课本。在大哥那本用粗糙的黑纸印刷的高中语文课本上,我读到了季米特洛夫在莱比锡法庭上的最后辩词,一下子就被那雄辩的语言和强大的逻辑力量捉住了。每逢恶劣天气不能出工,我就躲到东厢房里,先是默念,然后朗读,最后是手舞足蹈地呐喊。那时我们家东厢房里还养着一头牛,每当我呐喊时,母亲就会进来劝我:别吆呼了,你把牛都吓得不吃草了。

部队领导让我讲政治课,我就把季米特洛夫当成了榜样。讲第一课时,我颇为勉强地把季米特洛夫在辩词中引用过的歌德的诗句在课堂上朗读了一遍:

"要及早学得聪明些,在命运的伟大天秤上,指针很少不动。你不得不上升或下降……"

在那难忘的第一节课上,除了引用季米特洛夫引用过的歌德的诗,我还引用了《诗经》里的"昔我往矣,杨柳依依。今我来思,雨雪霏霏",这跟我那课要讲的内容基本上是八竿子也划拉不着的。何其卖弄,何其肤浅,至今思之,犹觉耳热。

方快曾到我备课的空屋里去看过我。他那时跟人合伙开油坊,还没做豆腐。他说,你的嗓门真够大的。我说,比你差远了。他一点也不谦虚,说:如果要说朗读,你还真不如我!我说:我不如你的地方多了去了。他问:你这些天老在呐喊"不做铁砧,便做铁锤",是什么意思?连我儿子都跟着你学会了。我说:那是季米特洛夫《在莱比锡的最后辩词》中引用过的德国大文豪歌德的诗句。他说:纯粹瞎咧咧!我不做铁锤,也不做铁砧,我做铁钳子、铁钩子行不行?

尽管我的呐喊式朗读被老同学讽刺嘲弄,但这一个多月的训练,在开学后的课堂上,作用明显,反响强烈。我不得不非常不谦虚地说那时我的记忆力很好,备好的课几乎可以背诵;我不得不非常不谦虚地说那时我的嗓门很大,喊叫两小时,没一丝一毫嘶哑。——当时我颇为得意,两堂课吼完,回到保密室——我兼任保密员——点上一支烟,竟有那么几分季米特洛夫的错觉了。——三十多年后,我到江南去,与十几位当年听过我讲课的学员聚会,问起他们对我讲课的印象,他们笑而不答,一位性格豪爽的女学员说:我们当年给您起了一个外号叫"野狼嗥"——我听了这外号,心中一怔,马上就知道他们当年受了我多少折磨。是的,我们那军校离狼牙山不远,荒凉偏僻,深夜里,的确能听到孤狼的令人恐怖的嗥叫声。

去年秋天,我应邀去绍兴参加一个活动,见到了仰慕已久的叶嘉莹先生,并听她吟诵了唐诗宋词。叶先生说从来没有人教过她吟唱,从小她就这样唱读,她感觉就应该这样读,这样唱。我对叶先生说,小时候我念书,念着念着就拖长了腔调,唱起来了。这时候老师、家长都会来阻止:不许唱书!他们认为这是很不好的习惯,是只动嘴巴不动脑子的懒惰行为。他们希望我字正腔圆地朗读,最好是默读。我的父亲还以我们村那位上过三年私塾,能把《三字经》《百家姓》等启蒙读物背得滚瓜烂熟但却不认识字的人为反面教材告诉我唱书之害。听了叶先生的话,我想,散文是要朗读的;而古典诗词,是应该吟唱的,而且是每个人都用自己的腔调,想怎么唱就怎么唱。我们那些话剧演员和电视节目主持人用标准普通话读出的诗词,确实很好听,但其实都不是古典诗词应该发出的声音。

听叶先生吟诵,我发现她从没有打磕巴的时候,好像这许多的诗词,都不是她用脑子而是用腮帮子记住的。我观察过好多位能机枪扫射般背诵经典的人,发现他们都是用腮帮子记忆的。问过他们,都承认自己是在唱读中完成了背诵,之所以能几十年不忘小时背过的东西,腮帮子——其实是整个发音器官,都发挥了记忆的功能。

告别叶先生回京后,我曾把门窗堵严了吟唱过几首唐诗宋词,感觉到吟唱的自由空间确实大大超过朗诵,而且还可以用拖长的音节或声音的高低起落来赢得回忆的空间——如果忘了词,你尽可以将一个字拖腔甩调,甚至将一句词用不同的调子反复吟唱,直到想起下句为止——但我知道,叶先生的自由吟唱会赢得满堂彩,而如果我敢登台放腔,迎接我的——当然不会是猎枪。

毕飞宇

诗歌史上最漫长的一场雨

说起李商隐的雨，大家的第一反应无疑是"巴山夜雨涨秋池"。这句诗以及这首诗太有名了，我估计很多人在五六岁的时候就会背了：

> 君问归期未有期，巴山夜雨涨秋池。
> 何当共剪西窗烛，却话巴山夜雨时。

一般说来，我们把这首诗当做"爱情诗"。其实，这首诗有麻烦。首先是题目。有些版本叫《夜雨寄内》，另一些版本则叫《夜雨寄北》。如果这首诗叫做《夜雨寄内》，那么，顾名思义，这首诗的应答对象，应该是李商隐的妻子，王茂元的七女儿王氏。可是，这个结论是有问题的。诗歌里有一个关键词，叫"巴山夜雨"，这说明了一件事，李商隐那时候在川东，那是大中六年。然而，这时的王氏已经过世一年多了，李商隐不可能"寄内"。

那就《夜雨寄北》吧。但是，问题又来了。"北"是一个空洞的概念，它有可能指代王氏，也有可能不是。如果不是王氏，那么，和李商隐一起"共剪西窗烛"的那个人又是谁呢？

——我为什么要说这些呢，因为喜欢李商隐的缘故，我在年轻的时候喜欢阅读有关李商隐的书，老实说，我越看越糊涂。我想说，关于文学，尤其是关于诗，有些地方宜细不宜粗，有些地方则宜粗不宜细。作品和作者的私生活，它们之间的关系无限地复杂。我们不能用简单逻辑去面对这个问题。关于李商隐的爱情和爱情诗，我特别想说这样的几个看法：

李商隐十岁丧父，健康也不好，有一度，他表面上做了一个小官，其实是令狐绹的伴读，从本质上说，就是寄人篱下。这样的人生际遇对他的性格是有影响的，从他的诗歌里他给我们留下这样一个总体印象，他柔弱，敏感，胆小，多情，当然，他见过世面。因为和令狐绹厮混在一起的缘故，青年时期的李商隐实在是见过大世面的，他经常出席贵族的大派对。《琵琶行》里说："五陵年少争缠头，一曲红绡不知数。钿头云篦击节碎，血色罗裙翻酒污。"高端，豪华，奢侈，放荡，这是琵琶女的生活，这又何尝不是青年李商隐的生活？虽然那样的生活并不属于他。

我不敢说李商隐的两性生活多么丰富，可是我敢说，李商隐见得太多了。那可是唐朝，富足而又开放。李商隐见得多，经历得多，有多少胎死腹中的一见钟情呢？我们不知道，但是，我们可以理解。清朝的贾宝玉见到薛宝钗的胳膊都要魂不守舍，唐朝的李商隐怎么就不会？所以我说，李商隐隐秘的情感生活很可能是一笔糊涂账，谁认真谁傻。

其次，李商隐是诗人，在写诗。写诗的动机极为幽暗、极为复杂，是情绪化的，那是真真假假、假假真真的，一阵风、一片云都可以让他产生爱意和一首诗。我是一个写小说的,以我的切身体会来说,用文学去考证私生活,用私生活去考证文学,通常是缘木求鱼。

再次,李商隐的诗歌大体上可以分作政治诗和爱情诗这两个部分。前面我说了,李商隐是一个政治抱负很大的人,他热衷于官场,可他偏偏就生活在官场的夹缝里头,"虚负凌云万丈才,一生襟抱未曾开"(崔珏《哭李商隐》)。"锦瑟无端五十弦",实际上,李商隐自己都不知道,他并没有能够活到五十岁。"一弦一柱思华年",真是一字一泪、一字一血,很让人痛心。一个有大抱负的人又没希望,他能怎么说呢?写夕阳自然是一个办法,更常见更有效更安全的,是写单相思。单相思懂的人更多,更能感同身受。所以,在李商隐的身上,他的政治诗和爱情诗通常是合一的。我们不能把诗歌里的爱情仅仅看做爱情,这一点特别重要。

又其次,政治诗和爱情诗合二为一,这不是李商隐的发明,是我们的诗歌传统和文学传统。这是中国的爱情诗和西方的爱情诗最大的区别。中国的爱情诗经常是指东打西的。从爱情诗出发,去考证诗人的个人情感,我们时常要扑空。

话说到这里,我特别想把话反过来说——不管诗人多么复杂,你既然写了爱情,那么,我干脆把你的诗当做爱情诗来读,那也挺好。再怎么说,爱情诗总是美好的。

《夜雨寄北》这个标题起码有四个内容,第一,时间,是夜里;第二,环境,正下着雨;第三,他要回信;第四,那个人相对于李商隐的生活居住处,在北方。中心词是雨,也可以说是夜雨。这可能是实情,也可能是心境和氛围。

这首诗一点也不复杂,这在李商隐的诗歌里头是很特殊的。李商隐创造了一项吉尼斯世界纪录,是一项文学纪录,——他描绘了中国诗歌史上最漫长的一场秋雨。这场雨到底有多长?没有人知道。

一首七绝应该是28个字,可是,李商隐只用了23个。李商隐只用了23个字就写成了文学史上最为漫长的一场雨,秘诀是什么?是李商隐天才地处理了诗歌内部的时空关系。

一般说来,处理时空关系是小说家的事。没有一个小说不为处理时空而煞费苦心。实际上,《夜雨寄北》这首诗虽然只有23个字,其实是有故事性的、有戏剧性的。它更像一部长篇小说。可以说,一部巨大的长篇小说就隐藏在《夜雨寄北》的内部。

关于时间,我有一点补充说明。时间可以分成两种,一种是通常意义上的、可以统计的时间,我们把它叫做物理时间。但是,时间这东西很鬼魅,它既是物理的,也是心理的和文学的,在电影上还有一个专业名词,叫银幕时间。——某个小伙子,他面对着镜头,一秒钟之后,小伙子的脸上长满了胡子,十年就这么过去了。电影院里的一秒是物理时间,而银幕上的时间它等于十年,这样的时间处理我们必须认可,否则电影就没法拍,小说也没法写。物理意义上的时间无比精确,一分就是一分,一秒就是一秒,而心理和文学意义上的时间则充满了弹性。可以这样说,心理和文学的时间弹性构成了艺术的难度,起码是难度之一。

虽然李商隐是一个诗人,但是,在《夜雨寄北》里头,他在时空的处理方式上已无限接近于小说,甚至是电影。我们来具体地看一看,这个太好看了。

题目:夜雨寄北——我们可以把写回信的那个夜晚当做此时,也就是现在进行时;那个地点叫做此地。

君问归期未有期——看信是现在进行时,此地。信里头"问"是"君"的问,这个动作却是过去完成时,彼地。那么好的,回信人开始回答了,又回到了现在进行时,此地。回答的内容呢?它指涉的是将来,当然是将来时,彼地。请大家注意一下信息量,就七个字,仅仅是时空关系就倒了好几个来回,噼噼啪啪的。这里的时间是接近物理时间的。

巴山夜雨涨秋池——作者的现场。现在进行时,此地。这是一段漫长的景物描写,是夜景,一个长镜头。和第一句的快问快答或不停地回闪比较起来,这一段的节奏突然变慢了,很慢,也许有好几个小时。我怎么知道是好几个小时的?是常识告诉我的,秋天的雨不是盛夏的暴雨,不可能是一眨眼的功夫。可以说,这个"涨秋池"写的就是时间,是时间的慢,时间的难熬,也可以说,这个"涨秋池"就是心理,孤独、寂寞和忧伤,他的孤独、寂寞与忧伤随着时间的流逝在上升,在往上涨。这句诗是很抒情的。这也是中国诗歌的妙处,我们的诗人到了需要抒情的时候,他反而会没心没肺地写景。这和西方小说里的写景有极其巨大的区别。我们的抒情很像京戏里头青衣的水袖,青衣害羞了,她会把水袖抬起来,让你看水袖。在这里,水袖就是情绪。让情绪物质化,这是我们的特征。

巴山夜雨这四个字锻造得好。巴山,很偏僻,很遥远,夜雨,什么都看不见,也许都没什么动静。雨是自上而下,李商隐把这个动态写反了,水在自下而上,它悄无声息。它很像人类的内心,悄无声息。仿佛寓静于动,实则寓动于静。

它写的是雨,是水的动态,骨子里,写的是时间。是孤独与寂寞的长夜。这里不再是物理时间,这一段时间比物理时间要长一些,缓慢一些。

何当共剪西窗烛——时间哗啦一下拉到了遥远的未来,将来时,彼地。我说了,时间哗啦一下拉到了遥远的未来。

说"遥远"是不是夸张了?我没有夸张。诗人在第一句说得清清楚楚,"未有期"。一切都是不确定的。最起码我近期回不去。我想说的是,共剪西窗烛是一个温馨的画面,一个幸福的画面,但是,在这里,它并不温馨也并不幸福。道理很简单,这句诗遭到了当头的一棒,那就是这句诗的第一个字,"何"。"何"是一个疑问副词,它既有发问的含义,也有不确定的含义。"何",意味着遥遥无期。可能是两个月之后,也可能是二十年之后。这里的时间是已经绝对和物理时间无关了,第一,是假想的,现实生活里并不存在,第二,它不确定,比慢还慢,也可以说,要等,等待的内容也还是等待。

却话巴山夜雨时——将来过去时,彼地,也是此地。时间绕了一个巨大的圈子,回到了原点。"却"是回过头来的意思,很肯定,把一切都落到了实处,但是,由于它对应的是"何",它又不能肯定了,这个"实"还是"虚"的,是"画饼充饥"里的饼。在这里,时间变得很魔幻了,像拉面师傅手里的面,一会儿是面团,一拉,成了面条,再一拉,又成了无数的面条,无限地纷繁。

魔幻现实主义的《百年孤独》,它的开头是这样的:

> 多年以后,奥雷连诺上校站在行刑队的面前,一定会记得他的父亲带他去看冰块的那个遥远的下午。

小说的叙述者的叙述时间当然是现在,它描绘的却是将来;站在将来的角度,所谓的"多年以后",又成过去完成时了。马尔克斯要记录的是马孔多的百年史,如果他按照物理时间的顺序,那么,这篇小说的篇幅将是惊人的,最起码也是多卷本的长篇小说。通过魔幻现实主义的手法,作者压缩了时间,小说的篇幅一下子缩短了很多。可以说,魔幻现实主义改变了小说的历史,它让小说的篇幅变小了,换句话说,容量变大了。所以,马尔克斯很自豪,他对他的太太说,他"不是在写小说,而是在发明小说"。就拿我们中国九十年代之后的小说来说,无论是长篇还是短篇,尤其是长篇,篇幅都缩短了,层面更厚实了,这个首先要感谢马尔克斯这位发明家。

但是,李商隐在《夜雨寄北》里早就使用这种方法了,几乎是一模一样的。

《夜雨寄北》这首诗最大的魅力就在于压缩了时间。

但是,时间是压不住的,它一定会反弹。这个反弹在哪里实现的?在读者这里。如果是一个合格读者,理想的读者,我在阅读《夜雨寄北》的时候,首先看到的将是一个动人的画面,时间在我的眼前"轰"地一声爆炸了,时间升腾了,同时打开了它的蘑菇云。

说《夜雨寄北》里头有一部长篇小说的容量,道理就在这里。你如果不信,我们来做个游戏。如果你愿意,你决定写一部小说,题目叫《夜雨寄北》。那么,你有哪些内容需要补充呢?

一,在那个地方,我为什么要离开那个"君"?涉及了哪些事?涉及了哪些人?

二,我离开了,来到了这个地方,我为什么就回不去了呢?这又涉及哪些人?这又涉及哪些事?

三,事实上,在这里,我一直也没能回去。我还要面对哪些事?

我还要面对哪些人?

四,在漫长的岁月里,在那个地方,那个"君",她如何了?二十年之后,我回来了,再一次来到这个地方,有可能人是物非。

五,二十年之后,我回来了,再一次来到这个地方,另一种可能也存在,不是人是物非,而是物是人非。

六,还有一种可能,物非,人非。然而,造化弄人,又把我们安排在了一起。

七,我们一起回忆了过去,回忆起了这个地方,这些人,这些事,我突然明白,我离开这个地方,原来是因为这些人,这些事。

八,我们同时还明白了,我在那个地方之所以回不来,是因为那些人,那些事。

九,天亮了,蜡烛即将熄灭,我大彻大悟,我的人生早就走完了。外面的雨还在下。和当年的秋雨一模一样。

这里头有颠沛的人生,有苍茫的、鬼魅般的、神龙摆尾的、身不由己的命运。老实说,《夜雨寄北》这首诗内部的时间能够产生多大的爆炸当量,完全取决于你的想象力,取决于你的人生阅历。但有一点我可以确定,不管你的想象力是怎样的,你的想象力一定会伴随着潮湿,伴随着无穷无尽的秋雨。

我的数学不行,我不能确定这场秋雨到底有多长,这个问题就交给清华大学的数学天才们吧。我想告诉你们的是,在我的阅读历史里,再也没有比《夜雨寄北》更长的雨了。

如果李商隐不是生活在诗歌的年代,而是小说的年代,他一定可以成为小说大师。李商隐是曹雪芹的前身,曹雪芹是李商隐的后世。一个凭诗行云,一个借小说行雨。

黄永玉

水、茶叶和紫砂壶

水、茶叶和壶的讲究,我懂得很少。

从小时起,口干了,有水就喝水,有茶就喝茶。

我最早喝的茶叶,"糊米茶"。家人煮饭剩下的锅粑烧焦了放进大茶壶里,乘热倒进开水泡着,晾在大桌子上几个时辰,让孩子们街上玩得口渴了回来好喝。

喘着气,就着壶嘴大口地喝,以后好像再没有过。

据说这"糊米茶"是个好东西,化食,是饭变的,好亲切。

小时见大人喝茶。皱着眉头,想必很苦,偷偷抿过一回,觉得做大人的有时也很无聊不幸。

最早觉得茶叶神奇的是舅娘房里的茉莉花茶。香,原来是鼻子所管的事,没想到居然可以把一种香东西喝进口里。

十二几到了福建跟长辈喝茶,懂得一点岩茶神韵,从此一辈子就只找"铁观音""水仙种"喝了。

最近这几十年,习惯了味道的茶叶不知到哪里去了?茶叶们都乱了方寸,难得遇上以前平常日子像老朋友的铁观音铁罗汉水仙种了。

眼前只能是来什么喝什么,好是它,不好也是它。越漂亮的包装越让人胆战心惊。茶叶的好不好要由他告诉你的为准,你自己认为好的算不得数。这是种毛病,要改!要习惯!

我喝茶喜欢用比较大的杯子。跟好朋友聊天时习惯自家动手泡茶倒茶。把普通家常乐趣变成一种特殊乐趣,旁边站着陌生女子,既耽误她的时光也搅扰我们的思绪话头,徒增面对陌生女子的歉然。

我一生有两次关于喝茶的美好回忆:一九四五年在江西寻邬县,走七十里去探访我的女朋友(即目下的拙荆),半路上在一间小茶棚歇脚,卖茶的是一位严峻的老人。

"老人家,你这茶叶是自家茶树上的吧?"

"嗯……"

"真是少有,你看,一碗绿,还映着天影子。已经冲三次开水了,真舍不得走。"

"嗯……"

"我一辈子也算得是喝过不少茶的人,你这茶可还真是少见。"

"嗳!茶钱一角五。天不早了,公平墟还远,赶路吧!你想买我的茶叶,不卖的。卖了,底下过路的喝什么?"

六十年代我和爱人在西双版纳待了四个月,住在老乡的竹楼上。老奶奶本地称作"老咪头",老头子称作"老波头"。

这家人没有"老波头",只有两个儿子,各带着媳妇住在另两座竹楼上。

有一天晚上,"老咪头"说要请我们喝茶。

她有一把带耳朵的专门烧茶的砂罐,放了一把茶叶进去,又放了一小把刚从后园撷下的嫩绿树叶,然后在熊熊的炭火上干烧,看意思

甜如蜜

她嫌火力太慢,顺手拿一根干树枝在茶叶罐来回搅动,还嫌慢,顺手用铁火钳夹了一颗脚拇趾大小红火炭到罐子里去,再猛力地用小树枝继续搅和。这时,势头来劲了,罐子里冒出浓烈的茶香,她提起旁边那壶滚开水倒进砂罐里。

罐子里的茶像炮仗一样狠狠响了一声,登时满溢出来,她老人哈哈大笑给我们一人一碗,自己一碗,和我们举杯。

这是我两口子有生以来喝过的最茶的茶。绝对没有第二回了。

关于水。

张岱《陶庵梦忆》提到的"闵老子茶"某处某处的水,我做梦都没想过。我根本就不懂水还有好坏。后来懂得了一点点。

上世纪五十年代我在版画系开始教学的时候,好像东欧的留学生都在版画系学木刻,有个捷克学生名叫贝雅杰的和我来往较多,不少有趣的事这里就不说了,让我印象深刻的是他口渴的时候就旋开龙头喝自来水,我制止他生水不可喝时,他却告诉我北京的自来水是最卫生的。那时候中国还不时兴矿泉水,这个知识由外国留学生反转过来告诉我无疑是一个震动。是不是北京的自来水现在仍然可以旋开龙头代替娃哈哈,那我就不敢说了。几时可以?到几时又不可以,这课题研究起来还是有意思的。

就我待过的地方的水,论泡茶,我家乡有不少讲究的水。杭州苏州的茶水古人已经吹过近千年,那是没有说的。还不能忘记济南。至于上海,没听朋友提过,起码没人说它不好。广州,条条街都有茶馆,又那么多人离不开茶,不过就我的体会,它的水没有香港的好。两个地方的茶泡起来,还是香港的水容易出色出味。人会说那是我们广东东江的水，是这么回事。不过以前东江没去水的时候，香港的水泡茶也是很出名的。

故乡在我小时候煮饭都用河水，街上不时听到卖水的招呼声。每家都有口大水缸，可以储存十几担水，三两天挑满一次。泡茶，一定要用哪山哪坡哪井的好水，要专门有兴趣的好事之徒去提去挑回来的。

我们文昌阁小学有口古井名叫"兰泉"，清幽之极，一直受到尊重。也有不少被淹没的井，十分可惜，那时城里城外常有人在井边留连，乘凉讲白话。

乡下有墟场的日子，半路上口渴了，都清楚顺路哪里有好井泉，喝完摘一根青草打个结放回井里表示多谢。

习俗传下来有时真美！

我家里有一把大口扁形花茶壶，是妈妈做新娘时人送的礼物，即是前头讲的冲糊米茶的那把。用了好几代人，不知几时不见了的？

爸爸有时候也跟人谈宜兴壶，就那么几个人的兴趣，小小知识交流，成不了什么气候。

也有人从外头回来带了一两把宜兴壶，传来传去变成泥金壶，说是泡茶三天不馊，里头含着金子……

文昌阁小学教员准备室从来就有两把给先生预备的洋铁壶，烧出来的开水总有股铁锈味，在文昌阁做过先生的都会难忘这个印象，不知道现在还用不用洋铁壶烧开水泡茶。

这几年给朋友画过不少宜兴壶，他们都放在柜子里舍不得拿出来泡茶，失掉了朋友交情的那份快乐。傻！砸破了，锔上补钉再放柜子欣赏做纪念不也一样吗？

在紫砂壶上画水浒人物是去年和朋友小柳聊天之后就手兴趣作出的决定,也就当真去了宜兴。记得一个外国老头曾经说过:

"事情一经开始,就已完成一半,底下的一半就容易了。"

我很欣赏他这句话。

仅仅是因为年纪大了,找点有趣的事做做而已。

长天之下,空耗双手总是愁人的。

二〇一七年五月三十一日清晨

给这本册子以笑容和个性的是几位有见识的快乐的年轻朋友。他们哪里像个编辑?简直是这一百多把茶壶和我的舞伴。和着拍子互相欣赏的跳舞,一种团圆的欢欣活动。

多谢各位的工作风格、现代见识。给这本册子带来的年轻生命力。最得益的当然是我这个老头。

黄永玉九十三岁书于北京太阳城
时逢端阳

文末所说的"这本册子",是文化艺术出版社出版的一本画册,收录了一百八十多把有黄永玉先生所绘水浒人物的紫砂壶的图片。——编者

骆玉明

旧作往事

如果没有梁由之兄的坚持，这一套小书是不会编印出来的。这三种书都是写成于上世纪八十年代末、九十年代初，每一种都印过多次，年代久了，再印感觉意思不大。讲老庄的一种，因为有许多新的想法，倒是值得重写一遍，但这几年家中多事、日子辛苦，又顾不上。但由之对我写的东西有一种过度的错爱，做事的态度也比我坚决，于是只能从命了。"骆氏三书"的名目也是由之所拟。听起来有点托大，逻辑上却没有问题：鄙姓骆，书是三种。

就习性来说，我只喜欢读书，不喜欢写书。所以写成的书，大抵皆有人情的缘故。

《纵放悲歌》原来是香港中华书局所出《诗词坊》丛书的一种，主编是金性尧先生。我跟金先生不相识，是赵昌平兄把我引荐给他。有一次特意拜访了金先生，想请教关于书稿写作的要求，但金先生好像很放心的样子，没有说几句，然后随意聊一会天。我见壁上悬有梁启超所书对联，问起金先生对书画的爱好，才知道他原本收藏颇多。金先生身形小而消瘦，说话谨慎，想象不出旧日洒脱飞扬之态。

后来，我不知为什么缘故写信给他，连带说及自己心情沮丧，不愿做事，金先生特意回信，说世事复杂，很多变化不可预料，还是要努力振作。其实我本是无意的牢骚，金先生却认真了。我想起他遭折磨而形成的谨慎性格，因此很感激他。

2007年，金性尧先生在上海去世，时年91岁，也算是高寿。

《中国历史上的大阴谋》是上海文艺出版社所出《五角丛书》的一种，后来由台湾远流印行的，改名为《权力玩家》。《五角丛书》曾经风靡一时，动辄印数十万以上。丛书主编是何承伟，但后期具体事务主要是副主编戴俊在操持。当时章培恒先生算是丛书的顾问，我亦列名编委，于是戴俊便借机索稿，于是有了章先生主编的《中国禁书大观》和我写的《中国历史上的大阴谋》。这本书在我来说有一点特别的地方，是因为我对戴俊夸口说一个月可以写完，于是赶得特别紧。全书是一遍成稿的，仅在稿纸上略作删改，没有誊写过。读起来文句很流畅，算是由此带来的好处吧。现在写东西很慢，常常会想起当年也曾精力旺盛，信笔纵横，自以为豪爽的样子。

说到精力旺盛、性情豪爽，其实是戴俊的特点。他当过兵，个子不高，身材敦实，对人厚道而好恶分明。有时说到自己得意的计划，便神情欢愉，眉飞色舞；说到人间不平事，则慷慨激昂，痛心疾首。戴俊比我小不了几岁，但感觉上好像他比我晚一辈似的。

那一段时期，复旦这边和章培恒先生亲近的一些学生，如我、贺圣遂、谈蓓芳，与上海文艺出版社的金子信、戴俊、陈征几位来往颇多，也常在一起喝酒。有一次在静安宾馆十数人全都喝醉了，没有人管得了，只好各自想办法回家。后来金子信说起他骑自行车摔倒在半途,脑袋上砸了一个破洞。

金子信和章先生先后去世。最为震惊的,还是在2011年听到戴俊去世的消息。因为感觉中他年轻而健壮,富于生命力。

香港中华书局在编印了《小说轩》《诗词坊》之后,又请人编《智慧殿》;主编是不是葛兆光我弄不清楚了,反正我那本《老庄随谈》是他约的。这本书现在看来有许多不满意之处,但很有些读者喜欢它。

我跟葛兆光有长年的交情。十多年前,兆光在清华任职,住蓝旗营(他楼上是秦晖)。那时我与孙伟红结婚未久,我们在北大20楼有一间小房子。那是所谓"筒子楼",厨房、厕所在外面,房间也非常简陋。蓝旗营离北大很近,有一次我们去兆光家做客。其实他的房子装修得很简单,但是宽大亮敞,跟"筒子楼"当然不可同日而语,孙伟红看着眼神发亮,羡慕得冒傻气。葛兆光笑起来,说"我这也是熬出来的"。当时孙伟红在北大法语系任教,资历还浅。

兆光、戴燕夫妇请我们吃饭。后来孙伟红说咱们也要回请一次,并说她要自己做法国菜请客。这顿饭欠在那里很久,然后孙伟红生了几年病,离世远去。

三本小书写作的念头,都写过说明;好不好则要由读者来评判,合起来要写个序,不知道说什么好。看着书,想起来的是一些故人往事,随手写下来。或者,这也是跟读者的一种情感交流吧。

写这几本书的时候,也就是所谓"上世纪"八九十年代,我们曾经有过梦想、有过欢愉,也有过悲哀。渐渐看着岁月流去,亲友凋零,难免有无常之叹。但上课时我也说过,像王维的诗,像《红楼梦》,在说人生无常的时候,也说无常是美。因此我们对此人世,仍有长长的眷怀。

所谓"骆氏三书",旧版分别是《纵放悲歌》《中国历史上的大阴谋》《老庄哲学随谈》。2017年秋冬之际,由鹭江出版社推出精装新版,依次更名为《欲采蘋花不自由》《闻道长安似弈棋》《长得逍遥自在心》。——编者

蔡小容

马纯上先生的房间

马纯上先生,又称马二先生,是《儒林外史》中有名的文章选家。他的工作是编选时文辑印,作为科举文章应试指南,南京、杭州、嘉兴等地的书肆,到处都有他辑选的文册售卖。他在书中的初次露面,是在嘉兴,一个叫蘧公孙的年轻人在街上闲步,看到文海楼书坊的招贴:"本坊聘请马纯上先生精选三科乡会墨程",于是动念,回家换了衣服来拜访他。

马纯上先生就住在文海楼书坊的楼上。他这间房,既是他的下处,也是他的办公室。蘧公孙初次拜访,只略坐小叙,但见他房内满眼是书,具体陈设如何,我们在后面还会跟随另一个人再上楼细看。马先生说,他一向是在杭州选书,这次文海楼请了他来,包他几个月,束脩是一百两银子。束脩之外,吃住免费,他吃的啥,蘧公孙看到过:"一碗燀青菜,两个小菜碟",他们的伙食标准书坊向有定例:"……发样的时候再请一回,出书的时候又请一回。平常就是小菜饭,初二、十六,跟着店里吃牙祭肉……"一个月只吃两回肉。马先生其实是吃不惯素饭的,他在相识的次日来蘧公孙家便饭,蘧家招待他的菜谱是:一碗炖鸭、一碗煮鸡、一尾鱼、一大碗煨得稀烂的猪肉,马二先生很高兴地直言:"你我知己相逢,不做客套,这鱼且不必动,倒是肉好。"当下吃了四碗饭,将一大碗烂肉吃得干干净净,又给他添了一碗饭,于是连汤都吃完了。

《儒林外史》中的读书人大致走着两条路:求科举,或是做名士。名门之后的蘧公孙本无心功名,平日里做诗词、写斗方、与人应和,后又思变,他就是在这种心情下来找马先生谈谈的。马二先生自己科场不利,转而成了文章选家,他很乐意给人指导,对登门求教的蘧公孙是如此,对街头偶遇的匡超人也如此。那个叫匡超人的青年,衣衫褴褛地流落在杭州,马先生把他邀来书坊,出个题目让他写写看,看后给他逐字评点,教他许多文章作法;此外,还送他几部文选、一件棉袄并十两银子,资助他回乡,鼓励他进学。马先生不是清高的名士派,可我们分明感受到作者对他的敬意,相比某些名士的"雅得那么俗",马二先生俗得颇可爱,他治学与待人,都非常真诚。

《儒林外史》是攒珠式结构的中国古典小说,若拿西洋小说的结构来套,当然套不上去,可是它符合中国人的思维方式和心理节奏,我们读来很舒服。把它改编成连环画,好像更合适,一册一故事,围绕人物去展开,各自独立又彼此勾连。连环画中的马二先生主要出现在《枕箱案》里,在《匡秀才》里也短暂现身,虽是不同画家所画,马先生的形象却十分接近,尤其他举止姿态中的恳挚、诚朴,完全如一。

"枕箱案"牵涉到了好些人物,多种世相。祖上做过知府的蘧公孙,偶然周济了一个与他的祖父有故交的负罪逃亡官吏——他周济的数额很大,把刚从亲戚那里讨来的二百两银子全都给了萍水相逢的这个人——对方感激涕零,把随身带的一个旧枕箱送给他,他又随手把这枕箱给了家里的丫头双红,给她盛花儿针线。蘧公子做事随意,是出身使然吧,公子性儿,名士派儿。他缺少防人之心,想不到这个枕箱可能给他带来灾祸。案子的起因,原著只简短地用几句话交待了:"不想宦成这奴才小时同双红有约,竟大胆走到嘉兴,把这丫头拐了去……"家里仆童勾搭了丫头私奔,蘧公子发怒告官,差人拿住那小两口,想私下从中牟利,于是这个要命的枕箱就成了讹诈的好物件:蘧公孙结交钦犯,窝藏叛逆。官差不直接找蘧公孙,而是从丫头口中问出文海楼书坊有个姓马的是他朋友,就去找这马二。他找对人了,马先生虽穷,却肯为朋友疏财。

　　连环画对这一节的改编,增加了对两个小人物的描写,他们的形象饱满起来,情节也更有人情味。双红原是蘧公孙的妻子鲁小姐的陪嫁丫头,为人乖巧。鲁小姐是位思想正统的才女,每天亲自教导孩子的功课,经常弄到深更半夜不睡,蘧公孙在旁连连打呵欠,双红则给他端茶递水,极其小心——原著就写到这里,连环画里加了一句:"自然,鲁小姐心里明白,朝双红瞟了一眼,叫公孙先到书房去睡觉。"鲁小姐明白了什么?我是个呆人,我没明白,看下文也只写双红铺床叠被地服侍蘧公孙,非常周到而已。这丫头还有一桩特别处,原著也这么写的:她会念诗,时常拿着诗册请公子给她讲解。看来这是个妙人儿,比起满口四书五经、八股文章的妻子,红袖添香想必让蘧公子感觉相当良好。双红从前是给小姐伴读的,小姐自己不读的《千家诗》之类,给她读了当个笑话,而双红还真像香菱,她喜欢读;她有个私订终身的男朋友这一点,又像司

甜如蜜　30

棋了,她却比司棋幸福,她的宦成,一门心思地打算着要跟她一起过日子。连环画也从宦成这头去铺陈:自从双红跟随小姐到了蘧府,宦成心里万分记挂。他既怕双红变心,又怕蘧家的什么人看中她,把她强占。这么改,比原著那句"宦成那奴才"高明了,奴才也是人哪,他有心上人,他想与她成婚,厮守一生。这愿望,卑微而本分,却需付出极大的冒险,越规去争取。宦成鼓起勇气,凑足盘费,跑到嘉兴去找双红。他是鲁小姐娘家那边的人,是见得到小姐的,见到小姐,扯个理由说老太爷要看姑爷做的文章。他跟人进来的时候,留心记住门户院落;低头回禀的时候,暗里用眼睛四下搜索,果然,"瞧见了一双他熟悉的脚",同时听见小姐叫"双红",宦成的心砰砰乱跳了。在接过双红递过来的文章的时候,宦成偷偷塞给她一张写好的字条,大意是我们,今晚一起走吧——这小伙子胆大包天了。双红也真听他的,她愿意呀——贾府里的贾赦大老爷就恨恨地总结过这类事,丫头就巴不得往外聘,配个小子,做正头夫妻——双红带着蘧公子给她的那只枕箱,在下着牛毛细雨的夜里,跟宦成手牵手,逃跑了。

原著说:"公孙知道大怒",连环画说:"鲁小姐和公孙这个气可生得大了"。他们是有理由生气,但蘧公孙这个凡事都不甚上心的人,如此认真地写禀帖报官捉拿,究竟有没有逃跑的丫头其实是他的人的意思在内呢?宦成担心双红被他强占,或许他也恼怒双红跟别人跑了,且不管有没有吧,反正现在宦成都不管了,他只要跟双红在一起。古代还是艰难,给人作奴仆的人想一夫一妇地婚配,几乎要拼上性命,现代人人身自由、婚姻自主,一夫一妇却往往吵得日子过不成。双红跟宦成逃回他的老家,两个正在厨下做菜，突然一个官差闯进来，一把揭开锅盖，把煮好的一只鸡捞出来，啃个精光！然后把他俩抓起来，关在他自己家里，日复一日地勒索。

这小两口哪有什么钱，身上的衣服都当尽了。身边这个枕箱，想拿出去卖几十个钱交给官差买饭吃。双红对宦成讲这枕箱的来历，那差人在窗外都听见了：原来有这么个好东西！活该我发财！一来二去，非此即彼，差人按算计好的最佳方案，来文海楼找马先生说话。

这回我们看到，马二先生的房间非常有意思。上到书坊二楼，对着楼梯口，就是他的房间。一排木窗户，临窗可以看外面的街景；书柜是靠墙放的，但书桌不是正面靠窗，而是侧面，这样就把房间作了分隔，有了层次感，颇有趣致。马先生坐在桌前工作，累了就看看窗外，他可不是两耳不闻窗外事，而是窗外事，声声入耳。

马先生看了差人拿来的出首叛逆的状子，吓得面如土色。蘧公孙现在不在家，他告诉差人说，请千万将状子捺下，等蘧公孙回来再商议。差人一听，抢过状子就要走，马先生急忙拖住他。这是犯关节的事，哪个敢捺？差人说，那我替你出个主意，花点钱，把这箱子买下来，这事就罢了。马先生连连点头。恰在此时——连环画这一笔加得真好——街上响起锣鼓声，马先生伸出头往窗外看，一乘八抬大轿前呼后拥地过来了，官府过路，好不威武，鸣锣开道，闲人闪开，差人的话添了声势，他说的都是真的了。至少二三百两银子，差人说。那不能，马先生说，即便公孙在家，他也拿不出这许多。几番谈不拢，差人又要走，马先生又连忙拉住他，掏出手机叫外卖，要请他吃饭——哈，马先生没有手机。他在楼梯口叫个书坊的伙计,去帮忙叫些酒菜来,大盘大碗,和官差边吃边谈。直到吃完仍没谈拢,马二先生急了。他从箱子里取出包袱,把里面的银子摊到桌上,还把布抖了抖:"我所有的积蓄就是这九十二两银子,多一厘也没有了!"

差人也怔住了。眼见为实,马二先生被挤得干干净净了。这九十二两也不算小数目了,他言不由衷说了句:"先生,像你这样血心为朋友,难道我们当差的心不是肉做的?……"于是由马先生做主,代公孙写下一纸婚书给宦成,了结此事。

马二先生带着枕箱,来蘧公孙家等他回来,慢慢跟他说起这事。公孙的脸一下飞红。"……幸得平安无事。我这一项银子,也是为朋友上一时激于意气,难道就要你还?但不得不告诉你一遍。"他来嘉兴选书的这几个月的薪酬,全都赔了进去,换回这个箱子来,让蘧公孙把它毁掉。他救了朋友一命呀!他说不用还,蘧公孙也就不提。

马先生要离开嘉兴了,蘧公孙来送行,封了二两银子相赠,这与他萍水相逢赠与那个给他惹祸的官吏的二百两,形成荒谬的比例。但,在银钱上全无算计方显名士本色,所以蘧公孙这样办事并没有错,马先生也不介意。

马二先生随后回到杭州。接下来,原著有一长段马二先生游西湖的情节,很精彩,可惜没编进画书里去。杭州景致旖旎,灵隐寺、钱塘门、苏堤、雷峰塔、净慈寺,马二先生腰里带了几个钱,独自一人到处走。路上碰见许多乡下妇女来烧香,俊的丑的,穿红着绿,他不以为意,倒是一路上时时碰到的许多吃食,让他喉咙里直咽唾沫。透肥的羊肉,滚热的猪蹄,海参、糟鸭、鲜鱼、馄饨,他都没钱买,只得吃了十六文钱一碗面,不饱,又买了两个钱的笋干嚼嚼,"倒觉得有些滋味";再往前走,又买了些桔饼、芝麻糖、黑枣、板栗、烧饼之类的小零食,吃了一通,回来睡觉;次日又爬山,在山上又吃茶,买了十二个钱的蓑衣饼,"略觉有些意思";走到山冈上,俯瞰江水,水平如镜,江上的船一个一个如小鸭子浮在水面,他心旷神怡。然后他又饿了,恰好碰见一个乡里人卖吃食,他高兴地买了几十文饼和牛肉,尽兴一吃,吃饱了。马二先生真土。但我们很想请他吃点啥,估计作者也是这意思。

张宪光

张岱晚年的日常生活

　　人们所熟知的张岱，大抵是《西湖七月半》《湖心亭看雪》里的那个张岱，即便不能说达到了晚明精致生活的最高境界，恐亦相去不远。那个张岱，是五十岁之前的张岱，极爱繁华，任性好奇，参契幽微，妙趣横生，作文仰慕徐文长，著史思继太史公。这么一位纨绔子弟，是真名士，亦是大玩主，玩什么东西，都几乎玩到了极致的地步，"茶淫橘虐，书蠹诗魔"，无一不精。好弹琴，一不留神便成了绍兴琴派的代表人物；好梨园，则家养戏班享誉一时；好美食，则"食鸡而知其栖恒半露，啖肉而识其炊有劳薪"，著有《老饕集》。他的五花八门的爱好，所擅长的各种巧艺，当然不止于此，而明末的大动乱则把一切都打碎了。张岱曾说，这个大动乱是块试金石，可见出世人的心术与真面。据新发现的沈复粲抄本《琅嬛文集》(浙江古籍出版社，2016)，我们才知道张岱曾毁家纾难，亲身参与了迎奉鲁王监国的隐秘历史。其时大厦已倾，奸佞当道，他屡次受到诋毁，只好避其锋芒，深山著史。沈氏抄本中有一些新材料，有助于我们了解他的日常生活。

　　陶庵是茶道高手，少年时即"死心究茶理""辨析入精微"，还革新了日铸茶的制作技艺,将之命名为兰雪茶,对茶史也进行过细致的研究。庚寅(1650)三月,看到有人在卖日铸茶,他"辗转更踌躇,攘臂走阶址",无钱购买,只能"嗅之而已矣",——此时他"断饮已四祀"。对于这样一个讲究精致生活的人来说,心里该有多么难受。沈抄本还有一首诗写他往日铸山做茶,不像以前请了徽州的茶工,用炒青新法做茶,这回陶庵只能自己动手了。倘若他能用自己制茶、烹茶的手艺谋生,就像明遗民徐汸卖画谋生一样,大概也可以小有贴补。可是他宁肯躬亲稼穑,也不肯放下自己的架子,养蚕舂米都是常干的事。《看蚕》一诗,写家中仅有八九棵桑树,不能为新蚕提供桑叶,而一家老小早晚断炊,"人饥蚕又饿",老人却只能在院子里转圈子,真是让人叹息不已。为了谋生,陶庵买了上千尾鱼苗,希望通过养鱼致富,还雇了个老头看鱼塘。结果却是"未曾见寸息,一罄我所储",夏粮不继,又复断炊。思前想后,最后名士派头发作,竟然把围口打开,把鱼儿都放跑了。陶庵仰慕渊明,修修史、写写诗、种种菊花还成,养鱼则全然是外行。他与渊明最相似的是贫困,不过一个是不为五斗米折腰,一个是陵谷沧桑所致,而赤手支贫、躬亲稼穑则一也。集中有《舂米》《担粪》二诗,写陶庵"身任杵臼劳,百杵两歇息","婢仆无一人,担粪固其分"。想想当初"婢仆数十人,殷勤伺我侧"的生活,再想想而今"连下数十春,气喘不能吸"的窘迫,陶庵老人只能以"日久粪自香,为圃亦何恨"解嘲。"处贫"不是单单摆在张岱面前的一个难题,也是摆在所有遗民面前的难题,对张岱则尤为严峻。因为他生长膏粱之中,缺少谋生的技能,不能力耕,不肯坐馆,不愿入幕,亦不屑于巫医卜筮,所以就只剩下受穷忍饥了。这对于他精致的味觉、嗅觉以及消化能力来说,是个巨大的考验,但他似乎一直在尝试调整自己。

大概是因为要忙于填饱肚子,陶庵晚年诗作不富,唯于生辰以及岁除之际偶有所作,内容不外乎叹老嗟贫,而穷困的状况则一篇有一篇之不同。五十八岁生日这一天作《甲午初度是日饿》,感叹"饿亦寻常事,尤于是日奇",不过他天性豪爽,也被自己的贫困逗乐了,一边自嘲地说"一贫真至此,回想反开颐",一边问家人谁把他的酒藏起来了。其家累之重,见于《甲午儿辈赴省试不归走笔招之》,一大家子十八九口人,"日食米一斗",贫困至此,他也不肯出去交际,还嚷嚷着"宁使断其炊,取予不敢苟"。诗中对六个儿子的描写也很有趣:大儿子奔走四方,仅能糊口而已,二儿子打着读书的名义,贪恋的是酒杯,三儿子只喜欢嬉游四方,把性命交给朋友,四儿子则好为大言,还有"二稚更善啼,牵衣索菱藕"。真是够揪心的。他对儿辈"慕功名"、喜交游并不反对,可是为了求功名"撇我如敝帚",老人则是有些不满的,于是呼吁他们"不如且归来,父子得聚首",过一种恬淡的生活。这一年次子参加科举考试,试图再现祖上考中进士的辉煌,却灰溜溜地归来。儿子没有考上,说不准陶庵还心中窃喜呢。要想摆脱贫困,对年青一代的读书人来说,科举应试仍是谋取俸禄、重整家风的便捷之道,陶庵对此虽没有明确反对,心底里大概未必以为然。

读张岱的诗文,让人感到亲切的是他不回避家庭的矛盾,把那种一地鸡毛的窘况写出来了。《仲儿分爨》写老人对儿辈的不满:"正告吾儿曹,年有近三十。娶妇而儒冠,毛羽不复湿。老父当此时,望尔供晨夕。奈何五六口,犹望我之粒。柴米稍不周,诟谇到我侧。"于是陶庵提出让二儿子分家单过,甚至说出了"喂儿不得饱,杀之亦何益"的狠话来。这跟现代家庭闹分家,搞得鸡飞狗跳的情景并无二致。张岱还写过一篇《儿盟》(仅见于沈复粲抄本),作于明亡后十九年,是与儿女们订立的赡养协议。以陶庵的风雅,倘不是到了山穷水尽的地步,大抵不会干这种有伤风度的事。他开头先表扬了自己忍饥守节的立场,接着说了自己的无奈,本着忠孝的家风,要求儿女们"日致米半斗,老子则自备水薪;月分任一儿,先生则思馔酒食"。老陶庵念念不忘的是"花开结子,生育只为今朝"的古训,且要立字据为证。有趣的是结尾二句:"倘不以吾语为然,但只问女安而已。"这篇文字用了骈文的形式,又夹杂着"留得青山在,依旧好砍柴烧"之类的大俗话,戏谑亦复心酸。戏谑,正是陶庵的一贯风格;辛酸,在在折射出其晚境之艰难。

  陶庵晚年隐居著述,甚少外出游览,明亡后仅两至西湖。1654年,他重返柳洲亭,看到西湖名园"半椽不剩,瓦砾齐肩,蓬蒿满目",或许也刺激了他对往事的回忆。也是在这一年前后,大儿子答应给他造一艘小划船,可以徜徉于千岩万壑间。这又勾起了老人的诗性,美滋滋地想着"静载琴书去,幽深是六陵",触目皆是"白莲砦下藕,红水独山菱",日落归来就可以"薄言供晚酌,船尾挂鱼罾"了。从骨子里来说,陶庵是个浪漫的人,常常生活在回忆里,才会写出《陶庵梦忆》《西湖梦寻》那样极美妙又极悲伤的文字来。随着故友凋零,认识他的人越来越少了,只要遇见亲友故旧,重话故园沧桑,便忍不住有一番伤悼怀旧之感。陶庵为人,将烈士与名士、激烈与深情、慷慨与妩媚兼于一身,其诗初学徐渭,继学竟陵,晚年描写日常生活的诗作,却与他们全不相似,洗落繁华,宛如家常,而胸臆自出。

无论在哪个年代,恪守节操都要付出高昂的代价,孤独、寂寞不说,贫困就是最直接的敌人。一个人熬得了三年五年的贫困,像陶庵老人那样一熬三十多年,委实不易。可贵的是,他固然是个激烈的人,却没有因境遇的改变而牢骚满腹,或流入苛酷的仄路上去。日常生活中的他,依然喜欢戏谑,依然保持着那种浪漫与妩媚,不过更笃实平易,更接地气了。

刘晓蕾

《红楼梦》和《金瓶梅》的吃货指南

史太君两宴大观园,刘姥姥吃了一口茄鲞,一脸不相信:别哄我了,茄子哪有这个味!再细嚼:虽有一点茄子香,但还不像茄子,奶奶快告诉我是怎么做的,我也回去照着做。

凤姐说:这也不难。把鲜茄子的皮削了,只要净肉,切成碎钉子,用鸡油炸了,再用鸡脯子肉并香菌、新笋、蘑菇、五香腐干、各色干果子,都切成钉子,用鸡汤煨干,将香油一收,外加糟油一拌,盛在磁罐子里封严,要吃的时候拿出来,用炒的鸡瓜一拌就是。听得刘姥姥喊佛祖:"倒要十来只鸡来配它!"

问题来了,按王熙凤的食谱能做出来吗?还真有人试了,结果做出来的"茄鲞"并不好吃。亲口尝过北京红楼宴中"茄鲞"的邓云乡先生说,根本不是《红楼梦》里的食物,倒像"宫保鸡丁加烧茄子"。

曹公笔下的美食,不是吃,而是美学。就如大观园,即使按图索骥重建,也未必就是大观园。

宝玉挨了打,想喝"小荷叶儿小莲蓬儿的汤"。王熙凤说:口味倒不高贵,就是磨牙了点,做起来麻烦。"借点新荷叶的清香,全仗这好汤,厨房里拿出几只鸡,另外添了东西,做出十来碗来。不如借势儿弄些大家吃,拖赖连我也尝个新儿。"

做这道汤要模子,一尺多长,一寸见方的银模子,刻着豆子大小的菊花、梅花、莲蓬、菱角,三四十样,十分精巧。薛姨妈表示"涨姿势":你们府上也是想绝了,喝碗汤还要这个!她家是皇商,也算豪富,但在荷叶莲蓬汤面前,也秒变刘姥姥。宝玉去看宝钗,吃的是糟鹅掌鸭信和酸笋汤,是至今常见的南方小吃,很家常。荷叶莲蓬汤走的则是高端文艺小清新路线,关注的不是吃什么,而是怎么吃。

这很贵族。

贵族就是连黛玉都步步留心,时时在意,因母亲说过"外祖母家与别家不同";是一桌子人吃饭,旁边丫鬟执着拂尘、漱盂、巾帕,一声咳嗽不闻,寂然饭毕;是门口有大石狮子,有挺胸叠肚指手画脚的看门人,还有簇簇轿马,刘姥姥要掸掸衣服,蹭到角门前搭话。

讲究到极致,就是话也不好好说,吃也不好好吃,茄子也没了茄子味。

没有富贵生活经验的人,写不出这种格调。不信,去读后40回,高鹗没贡献出一道像样的菜。病中的黛玉,吃的是"火肉白菜汤""江米粥"和麻油醋拌的"五香大头菜",可怜的黛玉,还说味道不错。一碗汤配一碗粥加小咸菜,也违背常识啊,这是根本不懂生活。

同样没富贵过,兰陵笑笑生就不一样。

他对生活有无穷的热爱与好奇心,他兴致勃勃地写吃,写喝,写西门庆的酒席,潘金莲们的小食,他笔下的饮食男女,热气腾腾,活色生香。

潘金莲让人买了一坛金华酒,一个猪头和四个蹄子,教来旺媳妇宋蕙莲去烧。宋把猪头剃刷干净,用一大碗油酱,茴香大料,拌好,扣定,只用一根柴火,不用两个小时,烧得皮脱肉化,配上姜蒜碟,用大冰盘盛好,端过来。有这一手绝活,宋蕙莲会活在很多人心里。

看得人口舌生津。对这样的食物,我们真是没一点隔阂,可见千百年来,中国人的口味一直没变。这顿小吃花了5钱银子,西门庆聘的秘书温秀才,每月工资3两银子,常峙节花35两银子买一套小院,西门庆果然豪阔。

但比起荣国府,还是差远了。刘姥姥不小心掉到地上的鸽子蛋,一两银子一个。好家伙,荣国府一盘鸽子蛋,能买几百个猪头了!壮观!

除了宋蕙莲牌猪头肉,西门家常吃的是噶饭、烧鸭子、鲜鱼、雏鸽,无非是鸡鸭鱼肉,浓浓的市井气。一次,应伯爵和谢希大在西门庆家里,登时狠了七碗面,搭配的是蒜汁和猪肉卤,十分接地气。"潘金莲激打孙雪娥"一回,西门庆早点要吃"荷花饼、银鱼鲊汤",银鱼据说从春秋时期就是驰名美味。而荷花饼,听着很文艺,却只是一种北方常见的白面烙饼。

这就对了,西门庆配烙饼,宝玉才吃荷叶莲蓬汤。

对吃,《金瓶梅词话》比《绣像批评金瓶梅》更热情,比如词话本这样写:"一碟鼓蓬蓬白面蒸饼,一碗韭菜酸笋蛤蜊汤,一盘子肥肥的大片水晶鹅,一碟香喷喷晒干的巴子肉,一碟子柳蒸的勒鲞鱼,一碟奶罐子酪酥伴的鸽子雏",在绣像本就被简化成"四碟菜"。

"两大盘烧猪肉,两盘烧鸭子,两盘新煎鲜鲫鱼,四碟玫瑰点心,两碟白烧笋鸡,两碟炖烂鸽子雏儿。然后又是四碟脏子:血皮、猪肚、酿肠之类",也成了"两大盘烧猪肉并许多菜肴"。

词话本的描写,叠床架屋,排山倒海,尽显老饕本色,吃货应该更喜欢。

后来西门庆官做大了,当了提刑,又攀上了蔡太师,饮食也高大上了:比如刘太监送来"糟鲥鱼",西门庆送给应伯爵两尾。鲥鱼非一般平民能享,全因西门庆的权势,应伯爵尽力奉承了一番。把鲥鱼糟起来,也说明当时运输条件保不了鲜,有钱有势如西门庆也吃不到新鲜鲥鱼。

西门庆赞助了朋友常峙节买房子,常二嫂做了四十只大螃蟹答谢:剔剥净了,里面酿着肉,外面用椒料、姜蒜米儿团粉裹就,香油、酱油醋造过,香喷喷酥脆好吃。这款酿螃蟹和两盘烧鸭子一起端上来,帮闲食客纷纷叫好。螃蟹成了酥脆口味,看来被油炸过,西门庆平素喜欢吃口味重的多油或煎炸食品。

比如玫瑰鹅油烫面蒸饼,只有李瓶儿和郑爱月会做的酥油泡螺,还有酥油白糖熬的牛奶,都是三高食品:高糖高脂高胆固醇。

到后来,西门庆已经吃不下去了。无休止的吃和性,让他的身体严重超载。应伯爵来访,见桌上摆着酥油白糖熬的牛奶,他一饮而尽,咂咂称好。西门庆却懒得吃,抱怨身上酸痛。应伯爵说:你这胖大身子,日逐吃了这等厚味,岂无痰火?

西门庆这样重口,还用人乳吃补药,吃胡僧药壮阳,不得病才怪。他该吃清淡点,喝玫瑰清露。可惜这是荣国府的特供,他捞不着。

富人也有富人的烦恼。

贾母请刘姥姥喝茶吃点心,有藕粉桂糖糕、松瓤鹅油卷,还有一寸大小的螃蟹馅饺子,贾母皱眉:"这油腻腻的,谁吃这个!"

这样的话,一个小丫头也说过。宝玉过生日这天,厨房的柳嫂子给芳官送来了午饭：一碗鸡皮虾丸汤，一碗酒酿清蒸鸭子，一碟腌的胭脂鹅脯，一碟四个奶油松瓤卷酥，还与一大碗热腾腾碧莹莹的绿畦香稻粳米饭，芳官说："油腻腻的，谁吃这些东西！"

生活在别处。所以，晴雯要柳嫂子做"面筋炒芦蒿"吃，探春和宝钗商议要吃"油盐炒枸杞芽"，拿五百钱给厨房另做；湘云甚至烤起了鹿肉，脂粉娇娃割腥啖膻，宝琴也跟着凑热闹，黛玉肠胃弱，只能当围观群众了；薛蟠得了"这么粗这么长粉脆的鲜藕，这么大的大西瓜，这么长一尾新鲜的鲟鱼，这么多大的一个暹罗进贡的灵柏香薰的暹猪"，邀请宝玉去尝鲜，图个新奇特；刘姥姥第二次来贾府，吃好喝好临走还"拐"了一车东西，但平儿叮嘱她：下次把你们晒的那个灰条菜干子和豇豆、扁豆、茄子、葫芦条儿各种干菜拿来，我们这里都爱吃。这趣味，妥妥的城里人向往农家乐。

对了，绿色的粳米饭，不是一般的白米饭，是特供。汪曾祺的《八千岁》里写："一囤晚稻香粳——这种米是专门煮粥用的。煮出粥来，米长半寸，颜色浅碧如碧螺春，香味浓厚，是东乡三垛特产，产量低，价极昂。"

从这里看，《红楼梦》的饮食习惯，偏南方。西门庆家的主食呢？一般是烙饼、春饼和面条，明显的北方人。有人说兰陵笑笑生是江浙一带人士，我是不信的。

《金瓶梅》的吃，热气腾腾，按里面的食谱去烧菜，物美价廉，还真有人整理出了《金瓶梅饮食谱》，据说极具操作性。可是，按《红楼梦》里的美食去烧，难了。别说茄鲞和荷叶莲蓬汤，就连中秋节王夫人孝敬给贾母的小菜"椒油莼齑酱"，也炮制不出来。

曹公写茄鲞，写螃蟹，写荷叶莲蓬汤，写的是遥远的回忆，以及对美好生命的怀恋,是醉翁之意不在酒。正如普鲁斯特在《追忆似水年华》里,尝到"小玛德莱娜"蛋糕的一刹那,过去的时光纷至沓来,他想起了斯万家的花园,贡布雷的一切⋯⋯

点心不只是点心,茄鲞也不只是茄鲞。

关于吃的最欢乐最诗意记忆,该是螃蟹宴了。

湘云做东,螃蟹和酒却是宝钗提供的。宴席摆在藕香榭,王熙凤说:山坡下还有两棵桂花,开得正好,坐在河中间的亭子里,敞亮,水碧青,眼睛看着也清亮。凤姐是文盲,审美却不俗,贵族气派已入骨入髓。

进了藕香榭,栏杆外放着两张竹案,上面有杯箸酒具,茶具,还有两三个丫头扇着风炉在煮茶,另一边也扇着炉子在烫酒。贾母深表满意,吃了茶,便搭桌子吃螃蟹。凤姐嘱咐:螃蟹不要多拿,就放在蒸笼里,吃完再拿。螃蟹热着才好,冷了会犯腥。

主子们三桌,又在边廊上摆了两桌,让鸳鸯、琥珀、彩霞、彩云、平儿坐下。凤姐伺候贾母,鸳鸯腾出手来专心吃螃蟹。凤姐忙乎完了,鸳鸯便斟了一杯酒,送到凤姐唇边,凤姐一扬脖吃了,琥珀、彩霞也如法炮制。平儿掰了个满黄的螃蟹,听琥珀开自己的玩笑,便去抹她的脸,琥珀一躲,刚好抹在凤姐脸上,大家忍不住笑成一团。

黛玉只吃了一点夹子肉,觉得心口微微的疼,要烧酒吃,宝玉连忙令人把合欢花浸的酒烫一壶来。她秉性柔弱,平日吃的是人参养荣丸,需要热补,禁不得螃蟹这大寒之物。

吃完螃蟹,便是诗会。这一次,黛玉的三首菊花诗都夺了魁,宝玉欣喜万分,做螃蟹诗助兴:"持螯更喜桂阴凉,泼醋擂姜兴欲狂",黛玉高兴,和了一首。谁知宝钗的兴致也来了,也要咏螃蟹,一反平日的温柔敦厚,众人纷纷说讽刺世人太毒了。

有人说,是因为宝黛一唱一和,宝钗泛酸,写诗嘲笑他俩呢。宝黛钗,三人行总有故事。宝玉和黛玉说话,宝钗必会笑眯眯地走来搭话。宝玉和宝钗聊天,黛玉也会摇摇地走来。

小儿女的情爱,最恼人,也最甜蜜,最好看。

你看,主子和奴才们暂时忘了上下尊卑,打成一片,吃完螃蟹还有诗会,何其雅哉!螃蟹宴是在第38回,彼时,正是大观园的鼎盛时期。

全是气氛、格调和文化,是生活的美学,是诗意生活的极致。这样的日子,这样的欢乐,连空气里都荡漾着自由与美。可惜,盛宴必散,终归到头一梦,万境归空,而她们,并不知道命运会有多残酷。

《金瓶梅》里,吴月娘们也一起吃蒸螃蟹,似乎也没什么讲究。倒是潘金莲一直在挖苦李瓶儿,家长里短,明争暗斗。

读《金瓶梅》,看她们吃,看见的是寂寞,是沉重的肉身无休止的欲望。读《红楼梦》,看她们吃,看见的是哀伤,是一去不复返的繁华、青春和爱。

而兰陵笑笑生和曹雪芹,他们写吃,懂吃,骨子里都是对生活热烈而绝望的爱。

孟　晖

灯花眉黛付多情

中国传统的爱情戏中,一对璧人一见钟情,找个机会互相试探,是必有的关目。在我看来,《娇红记》中的《分烬》一折尤属其中之上品。

这一折的基本情节并非明代戏曲家孟称舜的发明,而是存在于更早的《娇红记》小说之中。不过,对我们习惯现代生活方式的人来说,无论是小说中的描写,还是戏文里的荡漾铺陈,都过于陌生,以致难以领会。男主角申纯以"谢诗"为名来到娇红的闺房,撞见她正在画眉,具体方式则是"把灯烬描着眉儿"。申生于是问:"敢问这是灯煤耶,烛花也?"娇红回答:"灯花耳。妾用意积之,近方得之。"估计大多数当代读者的反应都会是,他俩在说啥?

密码存在《事林广记》一书中,这本产生于南宋时代的"生活知识实用书"传授了"画眉集香圆"的做法:"真麻油一盏,多着灯心搓紧,将油盏置器水中,焚之,覆以小器,令烟凝上,随时扫下。预于三日前用脑、麝别浸少油,倾入烟中,调匀,黑可逾漆。一法:旋剪麻油灯花,用,尤佳。"原来,眉妆用品的传统制作方法,与书写用墨在原理上一样:把多条灯芯线紧紧搓成一个粗条,置于灯碗内,注满生芝麻油,然后让这个灯碗半浸在水中,由此降温来减慢油烟挥发的速度。点燃粗灯芯,再将一个小碗之类的容器倒扣在灯碗上,这样,灯芯燃烧形成的油烟就会附着在倒扣器的内底上,随时注意将这些油烟扫下、仔细收集起来。提前三天,以龙脑、麝香泡在少量生芝麻油内,令油浸得香气,然后把收集到的灯油烟与这香油调匀在一起,形成黑色的油膏,捏成小圆球,就是"画眉集香圆",其效果比乌漆还黑。

据《武林旧事》,在南宋临安,"画眉七香丸"(即"画眉集香圆")已经形成了商业化的生产和流通。不过,女性也可以在家中动手自制此般"画眉墨",南宋人华岳有《田家十绝》描绘当时农家的生活状况,其中就有句云:"画眉无墨把灯烧,岂识宫妆与翠翘"——农家女子没有途径买墨画眉,就点起油灯,采集油烟,作为对策。

然而,《事林广记》中还有这样一句:"一法:旋剪麻油灯花,用,尤佳。"浸在油内的灯芯——也就是近代俗称的"灯捻儿",会逐渐烧焦成黑炭,叫"灯花"。灯花多了便影响灯焰的亮度,所以需要时而剪去,本来是传统生活中的一个小麻烦。但是,古代女性居然把这种丝或麻——以及明清时的棉——线的余烬开发成化妆品!她们发现,把此般灯烬收集起来,画眉的效果比灯烟做成的集香圆效果更佳!

搞清了这一技术背景,我们才能明白《分烬》一折里那些道白与唱词的含义。申生问娇红,你画眉用的是"灯煤"还是"烛花"?"灯煤"是指烧灯取烟后制成的眉黛,即画眉集香圆的做法;"烛花"则是说蜡烛中的芯线燃余的残烬。娇红回答,两者都不是,而是"灯花"——油灯中灯捻儿的残烬。《事林广记》中提出,芝麻油灯捻儿之炭烬于画眉效果最佳,《娇红记》显然熟悉并同意这一观点,并试图利用这套观念来刻画女主角娇红的细心与优雅,所以强调她用的既不是灯油烟,也不是蜡烛芯烬,而是公认的优选品。

由此,也就明白何以这一折叫"分烬",因为娇红把少许香油调入油捻儿烬,制成软膏状的画眉妆品,而申生向她讨要,借口是要用这难得的眉黛代替墨,去写一封家信。剧情随之而风光旖旎,每一环的进展都出乎观众想象,都是又露骨又遮掩的互相挑逗。先是双方借着兰烬眉黛,以言辞拨撩,然后娇红应申生索要,用手指挖出一半黛膏,分装于另器,指尖因此染了黛污,便以双关的语气,假意嗔怪:"都是因为你才会这样,你不要没事人一样啊!"说着竟将手指直接在申生的衣服上擦拭。申生也立刻回应:"这个指痕印,我绝对要永远保留着,视如定情的礼物啊!"下一刻则是固定套路,一旦男子如此直白,小姐就立刻变了脸,发怒说"我对你兄妹相待,你却对我轻薄",然后威胁要去向父母告发。公子则赶紧赔罪,下跪求饶,并慌忙离开。这让娇红却又担心,她这一番严词说教会引发对方的误会。

"几许兰烬积久成,殷勤一半付多情。"油灯捻儿的焦烬竟能成为少年男女彼此试探感情的媒介,真佩服古代文人的才华。不脱衣服不裸体,甚至没有肌肤的直接接触,但却让写作者、表演者、读者和观众都被激发起不安分的情绪,脸热心痒,跃跃欲试,这要算传统戏曲的一大成就,也是最迷人的成就之一。

难怪《娇红记》在清代列为禁毁书目啊。

韩　羽

灶王爷的脸谱

十多岁时赶庙会，看草台班子戏，见戏台上一妇女拿着擀面杖追打一个老头儿。这老头儿的眼睛、鼻子、嘴的部位是灰黑色，额头、脸颊、下巴的部位是白净面皮，像是一张大白脸套着一张小黑脸，逗极趣极。后来听人说，老头儿是灶王爷，戏出是"打灶王"。

戏曲脸谱，与戏有关，也与绘画有关，实则脸谱就是绘画中的肖像画。戏台上的灶王爷的脸谱从绘画角度看，大有学问，大有说道。

说灶王爷的脸谱，应先从灶王爷说起。灶王爷者，约而言之，为"子不语"；追而问之，则与民俗、文化有关。周作人曾有文章，综述历代传说、笔记甚详。我从小生活在农村，每在灶屋吃饭，总是我瞅他、他瞅我，更可谓朝夕相处。灶王爷是"一家之主"，听来冠冕堂皇，实则芝麻粒样一小神。土地爷还有个小庙儿，他连个庙儿都没有，只能寄居在农家的灶屋里。唯其如此，可以拉家带口，可以养鸡喂狗，正如《新年杂咏》注所云"灶君之外尚列多人，盖其眷属也"。

"上天言好事，回宫降吉祥"，与众神不同，唯独灶王爷每年一次上天朝拜玉皇大帝，汇报其所管辖的农户家人一年中的所作所为。说句大不敬的话，不无"坐探"之嫌。

"腊月二十三，灶王爷上天"，到了这天晚上，农户阖家老小齐集灶屋，烧香磕头，把灶王爷神像从墙上揭下来到屋外焚烧，谓之"送灶"，纸灰冉冉升天，灶王爷"上天言好事"去了。到腊月底，把新买的灶王爷神像再贴到灶屋墙上，阖家老小烧香磕头，谓之"迎灶"。"回宫降吉祥"，灶王爷又从天上回来了。

这一"迎"一"送"的灶王爷的面孔竟大不同，迎回来的是白净脸儿，送走了的是灰黑脸儿。

这灰黑脸儿就与灶屋有关了。有言"近朱者赤，近墨者黑"，灶王爷本是白净面孔，整年价被烟熏火燎又怎能不灰头黑脸。由白而灰黑，是唯灶王爷所独有的面孔。对"矛盾的特殊性"的"这一个"面孔，用语言表述至为容易，以笔作画试试看，可就难了。绘画是受时间、空间局限的艺术，只能描摹事物的静止的某一刹那，不能同时既圆而又方。

民间戏曲脸谱艺术家竟将这难题给解了，而且举重若轻。请看灶王爷脸谱：额头、脸颊仍是本来的白净面皮，而眼睛、鼻子因是面孔的突出部位，首当其冲遭到烟熏火燎成了灰黑色。将不同时间、空间里的两种肤色集中到了一起，使受制于时间、空间局限的绘画突破了时间、空间的局限，把面孔肤色的变化表现出来了。

这脸谱极富夸张性，灰黑的眼睛、鼻子与白净的额头、脸颊形成错觉（像一张大白脸套着一张小黑脸），其诙谐、其有趣、其对视觉的冲击，大有助于调动人们的与生活有关的联想，比如对打铁匠、锅匠的面孔的联想，从而悟到灶王爷脸上的灰黑实是灶屋里的柴灰。

灶王爷的脸谱对绘画的启示：区别一幅绘画的好坏，最主要的是看其能否随机应变、因地制宜地突破时间、空间对它的限制。

傅月庵

吃什么都会想起从前
—— 川本三郎的三本书

台湾读者知道川本三郎这位作家,多半因六年前"新经典文化"所出版的《我爱过的那个时代:当时,我们以为可以改变世界》。

1969年,25岁的川本经过前年口试失败后,再接再厉,终于进入《周刊朝日》(后转《朝日杂志》),当上了一名记者。当记者,是他在大学时代看到自由记者从越战现场不断拍摄发表的照片后,唯一的生涯想象。

进入媒体之时,正值全世界青年大造反的六〇年代。在日本,安保斗争、安田讲堂事件、联合赤军事件、三里冢反成田机场事件……接踵而至,东京街头硝烟弥漫,到处是示威游行,到处是路障石头、对峙的学生和警察,川本穿梭街头巷尾,到处采访新闻。三年时间里尽情燃烧青春,更从电影、爵士乐、小剧场里不断汲取养分。

1972年初,他为了"隐匿消息来源"的记者伦理,坚持不肯供出一名杀警"思想犯"请他代为保管的"臂章"证物,最后遭到逮捕,也被杂志社解职,从此成一名自由撰稿人,写评论、随笔、翻译度日。

《我爱过的那个时代》写于1988年,乍看不过就是追忆这段心路历程,记者生涯始末。却因为他饱含柔情的眼睛与文笔,透过伤痕累累的青春告白,将那个理想沸腾的年代整个召唤了回来。2011年随着改编电影,中译本问世,仿佛叠印了台湾的八〇年代,触动台湾读者心情,想起多少"革命"往事,乃成为当年极轰动的一本书,到处有人谈论着。——川本三郎就此"登台"!

接着的是2016年的《遇见老东京:94个昭和风情街巷散步》。

这书,仿佛旅游书,无论书名或编排方式,都让人觉得可以按图索骥,亲临现场看一看。但假如你这样做,恐怕要大失所望。原因正如川本自称,此书乃"已逝风景的型录",所列出的景点,仅存在于过去,原样早已沧桑,都成"昭和回忆"了。

> 我个人散步的方式有些不同,看着眼前风景的当下,我会想象着背后已经不存在的过往故事……我希望将这些失去的城市风景保留在记忆中。

川本如何描写这些"失去的城市风景""不存在的过往故事"?除了身为"江户子"的掌故记忆之外,他还发挥其所专长,从大量电影、文学作品之中,撷取与景点相关的片段,杂糅成文,极其细腻。或许因为这样,若非娴熟"东京学",对东京历史变迁有一定理解者,较难进入文本脉络之中;相反的,如果你爱看日本电影,爱读日本小说,即使很少甚至没去过东京,竟也能从书中获得莫大乐趣。

永井荷风以"东京散策"闻名,边走边看边晃荡,老担心随着新时代的到来,许多老风景都将消逝,而为新奇事物所取代。川本三郎这个东京人同样忧虑新旧递嬗,想方设法留住旧的,即使仅只是记忆中的昭和东京。有趣的是，他所念念不忘的"旧"，正是永井荷风所不以为然的"新"。新变旧，旧换新，一代接一代，城市不断蜕变，人的温情与敬意却始终存在，东京因此伟大了。

今年，大叔又回来，带着最新的作品《少了你的餐桌》。原文书名"君のいない食卓"，此"君"字，想成川本过世的爱妻，文中的亲人朋友，甚至读者本人，都无不可。川本似乎特别擅长这种文字游戏，《遇见老东京》，原文书名"いまむかし东京町步き"的"いま"，同样可视为"现在"，也可解成翻书阅读的"此刻"，想玩这游戏，得咬文嚼字，得腹有诗书，川本大叔的文字功力，于此小处即可见出一斑。

这本书还是在追忆，追忆他生平所吃过的食物。所以不称美食，乃因所讲的几乎都是庶民餐饮，日常食品，没有名厨没有秘方不讲食材作法，更没有吃进去嘴里那一刹那的感觉描述，大叔绝不扭捏呼喊："おいしい～"——无非就是蛋包饭、纳豆汤、猪肉味噌汤、鳗鱼饭、秋刀鱼、炒饭、便当……有什么好装表情的！？而川本实在也没有要讲饮食之美，他不过借着食物，返身回顾人情之美耳：

> 年过六十后，不论吃什么都会想起从前。比起往后的时光，过去的岁月显然长得许多，这是无可奈何的事实。如今我由衷地认为，食物就是回忆。

是的，食物就是回忆！每张餐桌底下都有一段又一段的故事。这当也就是为何我们总觉得远藤周作、池波正太郎，乃至《深夜食堂》刀疤老板这些位大叔笔下铲上的食物特别吸引人，特别好吃的原因。与其说大叔有练过,见多识广,能言善道,倒不如说大叔用"生命"在看待食物,这当然比小伙子的"生活"美食来劲许多。

> 萝卜本身没有什么味道,却能好好吸收对方的味道,让我们尝到好滋味。

川本这样说萝卜,实不无几分大叔自道的意味。大叔,"想说却还没说的还很多"之人。越过了山丘,蓦然走进人生下半场。有一点智慧,有一点沧桑;有一点感慨,有一点花样。更要命的,还有许多矛盾和温柔。他知道列车终点很快就要到了,有时也懊恼年轻的错误,却多半能欣赏青春的挥霍,伤痕累累终究不愿意开口喊痛。

说到底,大叔是萝卜,无论身材或本色。吸收了一辈子的人生味道,让人尝到好滋味!——川本是大叔,用生命写了三本书,你也尝尝!?

辑二

杨　绛

幼年往事（外一篇）

我三四岁的时候，家住（北京）东城，房主是很阔气的旗人，我常跟着妈妈去看看那家的大奶奶、二奶奶。她们家就像《红楼梦》里的景象，只是《红楼梦》里没有满地的哈叭狗。我怕狗，挨着妈妈坐在炕上，不敢下地。不过她们家的哈叭狗不咬人。

后来我爸爸当了北京京师检察厅长，检察厅在西城，我家就搬到东斜街25号，房东是程璧。房子不小，前后两个宽畅的四合院。

门房是臧明，他和一个小厮同住门口一间屋里，里面是一只大炕，可以睡不止两个人呢。

我爸爸上班坐马车。我家有一辆半新不旧的马车，一匹马，两个马夫。大马夫赶车，小马夫是大马夫的下手，只管洗马、刷马、喂马、遛马。两个马夫同住后门口一间小小的屋里，旁边就是马房。前面院子里晾着四个匾：两匾干草，两匾黑豆。我看马吃草吃豆吃得很香，偷偷儿抓了一把黑豆尝尝，不料黑豆是苦的，忙又偷偷儿放还原处。

前门不大，后门是马车出进的门，是很大的一扇红门，门上又开一个小门，下人出入都走这小门，不走前门。我平时也只在前院玩，很少到后面去。

前院有五间北屋，五间南屋。北屋、南屋完全是对称的。北屋东头是两间卧房，西头又是一间卧房，中间是一间很大的客厅。我黑地里不敢过那间大客厅，害怕。

妈妈很忙，成天前前后后、忙这忙那。有一晚，她特地到我和三姐同睡的卧房来看看我们。三姐和我不睡一头。我睡在她脚头。我们要好的时候，彼此拉拉直裤脚；不要好的时候，我就故意把她的脚露在外边。我人短，我的脚总归是安全的。姐姐也难得和我吵架。有一次妈妈睡前来看看我，妈妈掀开被子，只见我裤脚扎得紧紧的，裤腿扎在袜筒里，裤子紧紧地扎在衣服外。衣服上有两个口袋，一个口袋里塞着一个鼓鼓的皮球；另一个口袋里是满满一口袋碎玻璃，红的、绿的、黄的……各色的都有。妈妈解开衣服，发现我身上青一块、紫一块，妈妈问三姐，碎玻璃有什么好玩。三姐说："照着看天的，红玻璃里看红天，绿玻璃里看绿天。"妈妈把皮球放在我床头，碎玻璃全给扔了。吩咐三姐告诉我，以后别再把皮球、碎玻璃装在口袋里。我很听话，以后不再把衣服那么紧的结成一串，也不把玩意儿都装在口袋里了。

北屋有一间厢房，是我们的吃饭间，有电话，我爬上凳子，可以给同学打电话，讲讲私房话。例如"我跟你好，不跟谁谁谁好"（什么人不记得了）。靠门口，有一张两抽屉桌子，臧明戴着一副铜边眼镜记账。我非常羡慕臧明戴着眼镜记账，心中暗想，我长大了，也要戴着眼镜，坐在书桌前，记事。

我现在写作，总想到小时候羡慕臧明写账，觉得实现了小时候的愿望。

我家搬到东斜街，开始只住一家，南屋没人住，我家也天天打扫，我和姐姐常到空屋里去玩。

不久，我堂姐的姨父姨母也到北京来了，就住了那五间南屋。姨父是教育部次长袁观澜（字希涛）。我家门口有两个门牌：一边是无锡杨寓，一边是宝山袁寓。

我爸爸因为姨父姨母不是亲的，姨母称袁大阿姨，姨父称袁老伯。

我大弟弟出生上海，现在的淮海路曾称霞飞路，以前又称宝昌路，所以取名宝昌。小弟弟杭州出生，家住保俶塔附近，所以取名保俶。保俶断奶后奶妈走了。他自己会走路了。一天他跑到袁家去，对袁老伯说："袁老伯，你也姓老虎，我也姓老虎，爸爸也姓老虎，妈妈也姓老虎。"袁老伯莫名其妙，过来问我爸爸。爸爸想了一想，明白了，他对袁老伯说："你和我同庚吧？我们夫妻都属虎，这孩子也属虎。"袁老伯听了大笑。我们两家很亲密。

袁大阿姨能推拿，这是她的传家本领，传女不传男。我家孩子病了，袁大阿姨过来推拿一下，就没事了。我妈妈也学会了几招，如"提背筋"，孩子肚子痛，背筋必涨粗，提几下，通了大便，病就好了。

我和三姐姐常到袁家去玩。袁大阿姨卧房里，近门口处，挂一张照相，我知道那是袁世庄姐姐的相片，她在外国读书，要三年后才能回来。我总觉得三年好长啊，常代袁大阿姨想女儿。世庄姐姐的妹妹是世芳姐姐，她身体不好，不上学。三姐学校回家，总和她同出同进。我老跟在背后，世芳姐姐吃了糖或陈皮梅，包糖或陈皮梅的纸随手一扔，我常偷偷捡了舔舔，知道她吃了什么。她有时也给三姐姐吃。我只远远跟着，她们不屑理我这小东西。

那时我在甘石桥大酱坊胡同、小酱坊胡同拐弯处的"第一蒙养院"上学,上学前班。三姐姐上小学。我学前班毕业,得了我生平第一张文凭。我很得意,交妈妈收藏。三姐姐也初小毕业了。我们姐妹都到北京女子师范大学附属小学读书,袁大阿姨称"附属里"。

不久后,袁家要娶新嫂嫂了。我从不知道袁家还有个儿子,没有儿子,娶什么嫂嫂呢。这是三姐姐告诉我的。我的好朋友孙燕华和我两个陪新娘子。新娘子左等右等没等到,大家就先吃喜酒了。吃完喜酒,孙燕华就和她家带她弟弟的臧妈回孙家了。

我吃完喜酒,大发胃病。我的胃病是一个粗心的中医大夫失误造成的。他把"厘"写成"分"。他开的药是黄柏。我妈妈请他为我开点清火的药,因为爱生疖,嘴角爱生"热疮"。这中医把六厘黄柏写成六分黄柏。我记得妈妈用糖汤拌成桂圆核儿大小的丸子,吞一个团子,喝一勺糖汤。我因为是妈妈亲自喂,乖极了,虽然很苦,我吞下一个又一个很苦的小团子,没嫌苦。但从此得了胃病,我的胃至今还是我全身的薄弱环节。

吃完酒席,大家散了,我大发胃病,厨房里为我炒了很烫的盐,让我渥在心口。大家睡了,我因为胃痛还没睡着。忽听得各、各、各的皮鞋声,是新郎新娘回来了,我听见臧明特地进来,一口苏北口音告诉爸爸(臧明称"老爷"):"新娘子穿的是白的洋鞋子。"洋鞋子已够洋,又是白的,新娘该穿红鞋啊,却是白的,真"洋"得出奇了!

第二天早上,我胃也不痛了,我学着臧明的腔调告诉了三姐姐,我们俩立即到袁家去看新嫂嫂。新嫂嫂玉立亭亭,面貌美极了,我和三姐姐都迷上了。我妈妈怕我们去打扰,不许我们老去看新嫂嫂。新嫂嫂却很会做人,哄我们一起造一条一尺宽的小路通到月洞门。

月洞门外是程璧家的荒园,我和姐姐常去玩的。

一尺宽的小路刚造完,我家"回南"了,袁家也同路回南,但是我们两家在火车上不在一处。

到了天津的旅馆里,我们只知道袁家也住这旅馆,我家住的是便宜的房间,袁家却不知在哪里。新嫂嫂就此不见了。

我妈妈的家具,随着我们家搬迁。妈妈衣橱里,我的第一张文凭已扔掉了,但是新嫂嫂和新郎的照相,有一本书那么大小,贴在硬纸上的,仍在原处。我常常开了妈妈衣橱的门,拿出新嫂嫂和新郎的照片,看了又看,因为我老想念我的"新嫂嫂"。我闭上眼,还能看见她。她是我幼年往事里的一颗明星。

猢狲精

我父亲年轻时曾任上海申报馆记者,同事有张仲仁、包天笑等。包天笑曾写过《人间地狱》,在《申报》上连载。包天笑是苏州人,口才敏捷,"猢狲精"是他给一位记者同事的绰号。这一群记者,晚饭后不得睡觉,需等候各地发来的消息。半夜十二点后,各地消息一一发来,他们编成新闻,登报发行。

我妹妹阿必,听门房送进名片,我父亲说,"'猢狲精'来了。"我们姊妹从不出见父亲的客人,但阿必还小,她就独自跑到长廊尽头、爸爸接见来客的"书房"门外看看"猢狲精"。她看了很失望,我们问她看见"猢狲精"了吗?她很失望,来的不是什么精妖,他只是一位客人,连尾巴都没有。

这一群记者,自然而然成了密友。有一次,他们同游动物园(当时叫"万牲院"),他们从"禽鸟馆"出来,被一群鸟儿的叫声叫得心烦,一人忽然发现"猢狲精"不见了。"猢狲精"走在最前面,忙说"在这儿呢!"他自己承认他是"猢狲精",因为他双目也炯炯,特别神气。

我在上海"狗耕田"般的做校长时,我说:"我要去看'猢狲精',他是苏州振华女校的校董。"钱瑗说:"我也要看看'猢狲精'!"我去看了"猢狲精",我也很失望;他非但没有尾巴,双目也不复炯炯有神了。

伊何人?伊何人?袁世凯机要秘书张一麐之胞弟,张可之父,王元化之丈人张一鹏也。

杨绛先生在102岁高龄写完《忆孩时》(五篇,刊于2013年10月31日《文汇报·笔会》)后,又曾乘兴写下两篇回忆童年的短文——《幼年往事》及《猢狲精》。杨绛先生遗物清理小组的同志发现后,特地交由笔会刊出。——编者

王安忆

她多么爱生活,爱得太多太多

时间过得飞快,程乃珊离去已五年,我们都是文字生涯中人,如越剧《红楼梦》黛玉焚稿的唱词:"这诗稿不想玉堂金马登高第,只望它高山流水遇知音",所以就写下此文纪念她。

《长恨歌》里,我写"老克腊"自许旧人,乘电车去洋行上班,遭遇汪伪特务追杀重庆分子,吃了冷枪身亡,这情节来自程乃珊,她曾窃语我:前世里大概丧身电车路上,因高跟鞋别在道轨里不及脱身。后来,她辞去上海作家协会专业作家职务,移居香港,过着上班族的生活,就像去往前生践约。我想象她穿职业装,走在港岛尖峰时刻的人流里,香港的人流是丽人行,年轻貌美的女性格外耀眼。具体做什么在其次,重要的是,女性独立自主,闪亮登场社会前台。关锦鹏导演的电影《阮玲玉》,张曼玉饰演的阮玲玉从手袋里取出一枚私章,印在律师函,郑重和珍惜的表情,自恃是有身份的人。我觉得,程乃珊就在这时代定格中,生在新和旧的交替中,时代翻手为云覆手为雨,人呢,从新到旧,又从旧到新。

上世纪八十年代,新时期文学兴起,历史批判和反思是为显学,大致以"右派"与"知青"两类写作承担使命。这一幅文学图景中,程乃珊称得异数。她不是知青，极可庆幸的，一九六六年前夕，恰好中学毕业，跻入高等学校，免于流离，而走入职业社会，保持了按部就班的正常人生。她当然也不是"右派"，年龄够不上，就算够上，还需要有性格的原因呢！程乃珊是驯顺的，或多或少，也是她的处境所至。世事难料，谁又是先知，惟有敛声屏息，安分守道，于触手可及处找些乐子。所以，她又是有些享乐主义的。然而，无常的命运之下，小小的享乐主义有那么一点戚容。张爱玲散文《穿》里，去虹口买日本花布，写道："有一种橄榄绿的暗色绸，上面掠过大的黑影，满蓄着风雷"，大约就是这享乐主义的画像。程乃珊的小说《蓝屋》，豪门阔少，几经变故，栖身上海狭弄内一个单间，却坚持饭后一杯咖啡的旧习，也是享乐主义画像。但这位先生并不抱张爱玲"人生总是在走下坡路"的悲观态度，而是积极的，投身新生活，果然，历史没有辜负他的信任。

  这一个情节的走向，其中确有着对时代的欢迎。上世纪八十年代中期，《收获》杂志组织在深圳召开笔会，那时候，深圳领香港市场经济之便捷，先行一步，成大陆改革开放前沿。酒店电视直通香港频道，这一晚，正播放香港小姐竞选。程乃珊、王小鹰、我，三个人住一间客房，程乃珊热情高涨，我却很让人扫兴地瞌睡不已，在评委与小姐的问答环节，终于被倦意席卷，耳朵里最后听见程乃珊说：这时候困得着，真佩服伊！历史华丽转身，繁华都会风景迎面而来，真是惊艳。程乃珊难以抑制欣喜，带入小说，具体为蓝屋公馆、"锦江俱乐部"、西点配方、家庭派对，却又是被正义所拒绝。惟有一样，欣然接受，就是这家后人的风度仪态，事实上，这一样恰是最具有阶级性的。其间隐藏着微妙的悖论，常常成为程乃珊作品受人诟病的理由。可是,"五四"以降的中国现代文学,不就是普罗大众的文学?在漫长的演变中,成为教条哲学,植入写作人的潜意识。《蓝屋》主流外的人和事,终回落主流意识形态,程乃珊这个新时期的异数,也归并同质性。然而,小说这东西却有一种特别的自主无意识,它会旁出最初的企图,另辟道路,指向无准备的地方。应了那一句古话:有意栽花花不发,无心插柳柳成荫。《蓝屋》作为背景交代的,顾老先生,为改暴发户身份踏进上流社会,透露了新生阶层的野蛮生长,让人想起巴尔扎克的"人间喜剧",比如《贝姨》。不止是评论者,也许程乃珊本人都不曾在意,文学史的大趋势难免忽略个别的动态。可是,种子落地,即会着床,假以时日,便发芽长叶,抽条开花,结出果实。

程乃珊若是在今天,很可能被称作"物质女孩"。大家都知道,程乃珊手气很好,联谊活动抽奖,她总得胜筹。曾有一年,她在此地抽到一架彩色电视机,紧接着,又在彼地抽到一具电视机柜,不得不承认天地成全。但是,似乎作为一种平衡,程乃珊与文学奖项缘分不大,常常擦肩而过。即便不以此作隐喻解释,从表面看,她对世俗生活的热切,也距离写作者的思想劳动本质有些远。张爱玲写苏青,苏青睁着迷瞪瞪的眼睛,仿佛说:"简直不知道你在说些什么,大概是艺术吧!"这有点像程乃珊呢!只是程乃珊天真的,不像苏青的世故。有一回,她介绍一位老裁缝替我母亲缝制几套出国的衣服,特别嘱咐用心用力,说,这可是著名的作家哦!老师傅很淡定,回答:我又不识字,凭本分做生活。我又觉得程乃珊像那老裁缝,规避开现代知识启蒙,另有一功。

八十年代,物质世界扑面而来,五光十色,令人目不暇接。有一次在无锡举办笔会,那时候,文学笔会频繁,写作者聚集一起,谈个没完。宾馆有一个售品部,说是售品部,其实就一具柜台,在我们眼睛里堪称琳琅满目,而且可望不可即,每一件商品都需外汇券购买。这时候,程乃珊悄悄在耳边说:我请你们喝可口可乐!顾不上客气,即紧随其后,来到柜台,贪馋地看她取出外汇券,然后,小姐从货架上取下三个易拉罐,擦拭薄灰,显见得存放多日无人问津。其中有一罐的拉攀无论如何拉不开,请来服务生帮忙,使了猛力,褐色的液体喷涌而出,溅我们一身。离群索居的我们,面对消费时代就是这般束手无措。国门渐开,我即随母亲去美国,程乃珊专门送我一份礼物,能看出她对出国这桩活动的重视。很快,她也领到出访任务,亚洲发展中国家菲律宾,多少有点不满足,看起来,世界纵然打开了,先进地区却是有限的部分。从菲律宾回来,说起感想,则令我吃惊,她说:在这些地方,无论怎样贫穷落后,但最现代的东西它们都有,比如超级市场、星级酒店、高速公路、摩天楼、奢侈品——你不得不佩服她目光敏锐,窥见全球化里的资本统一模式。中国大陆也将或者正在纳入其中,速度之迅疾是程乃珊想不到的,我一时找不到出处,但小说的情节印象深刻,一户中产人家,经历几度沉浮,终于走入正常生活,却又遭遇始料未及的挑战,那就是保姆的儿子,一个乡下男人,生意场上发起来,出高价租赁他家汽车间做货仓,更新一代实业者踩着两脚泥急吼吼地走来了。

程乃珊从香港退休回沪,我与她同去参加某公司的周年庆,她看着场子里活泼泼的年轻女孩,感叹道:现在的上海小姑娘真会打扮!心情颇为复杂。在资本社会趋向稳定的香港居住多年,正是中国大陆起飞,蓦回首,换了人间。似乎是,她的时代方才回来,未及伫步，又向前勇进，被抛在身后。可是，回来的真是原来的那一个吗？程乃珊又是怀疑的。就像一个鉴赏家，辨别真货和赝品，她很快从炫目的光色中镇定下来。她说：街上人群的衣着缭乱得很，倒不如以前，简素是简素，却是清爽的。这话也许有一些些妒意，同时呢，不谓不是实情，实情是，现代化在某种程度上，也许就是无产阶级站起来了。还有一件事，也让程乃珊挑眼的，即风起云涌的上海城市写作。她说，不对，不是这样的，错了！不过，她也承认，这股潮流确实启发了她，使她意识到，她尚有个储藏未开发。从此，程乃珊开始了关于上海轶闻轶事的书写，一发不可收拾。我们曾在私下议论，将程乃珊和其他都市描摹比较，我的意见是，程乃珊不可替代。不止材料拥有的优势，更重要的，文学营养的品质差异。时尚一代的祖师奶奶是张爱玲，程乃珊呢，则是俄国十九世纪文学，以托尔斯泰为代表。除去同类型文章供分析比较，我还可旁引佐证，那就是长篇小说《金融家》。

  事情终于回到文学，我们不可能忽视，程乃珊是一名写作者，这身份还是将她与世俗人生区别开来。体验过文学初始给予的光荣和骄傲之后，写作的生活亦在更深入地教育她。有一件事大约可称作开启，推她进严肃的世事。不能以为程乃珊没有阅历，方才说的"驯顺"，倘若不经磨炼，哪来此生存本能。记得1989年春，我和程乃珊受旧金山"中国书店"邀请，去美国宣传新书。我们和另两位驻外人员同住一套公寓，时常有中国学生和职员过来聊天。有一天，我们与一个年轻人争论起来，随着双方情绪失控，越来越偏离主题，所以分歧的起因就模糊了，但场面的激烈印象犹深。年轻人难免是轻浮的，对他人的经验一概漠视，半路切进美国社会，且自许占据价值高地，总之，过去的和现在的，以及未来的，都是他对。谈到别的尚可以安然处之，但当涉及那场浩劫，程乃珊便按捺不住，她说起家庭的遭际，不由哽噎。这一刻，我特别心疼，倒不仅因为事情本身，而是她情急下揭开伤口，痛的是自己，对方可能完全无动于衷。我们都不掌握论争的要领，即缺乏抽象逻辑的训练，也没有现成可资利用的理论，只能实打实的，以亲身体验对付，就像武林中真功夫遭遇暗器。倒霉的历史总算过去了，中断的生活又继续下去，做梦都不会想到，如我，下乡插队的一日，再没有准备返回上海。始料未及的，还有额外馈赠，那就是文学新天地。在一个文艺界大型晚宴上，有一位前辈说：看，程乃珊，多像一个女学生！顺指点看过去，明眸皓齿，额发蓬松，白衬衫束在宽摆裙的腰里，捧一本纪念册，兴致勃勃穿行席间，逐个请名流签名。可不是，一个追星的女学生。

我要说的这件事就和追星有关，这段故事，程乃珊自己已经写成文章公之于众，简单说吧，早于方才说的1989住旧金山前，程乃珊和王小鹰接受美国国际访问者计划，环游美利坚。在"计划"安排下，程乃珊得偿心愿，与偶像格里高利·派克见面。上世纪四十年代下半期出生的程乃珊，赶上好莱坞风靡上海的末梢，日后，海峡隔离冷战降临，便淡出荧屏，这东方巴黎也随之洗去铅华，持以素颜。这一场比弗利山庄的会晤，堪称海上旧梦重温。不久，派克来到中国上海，媒体又安排一场见面，可是偶像他，无论如何想不起曾经与中国粉丝的历史性邂逅。派克老矣，记忆差否，再则呢，一个大明星，拥有海量崇拜者，可谓万千宠爱在一身，怎么能指望他恰恰记住其中一个，即便有国际共运史作背景。据说，当时的场面相当尴尬，看起来，安平世道，娱乐年代，也不可事事如人所愿啊！

天分就像基因，它潜在于体内，也许终身不显性，倘若适时适地适人，则生机勃发。程乃珊终于要写《金融家》了，又终于写成了。就像程乃珊和文学奖的缘分，总是差那么一点点，文学奖一定程度上是文学潮流的表征，落后于它进不了法眼，提前了命运也一样。《金融家》问世，当时也举行研讨会，但还是从注意力中心滑过去了。那时候，都市写作尚未勃兴，家族叙事沿寻根文学车辙，从原始处起，哪一项，《金融家》都纳入不了。评论者又常从现象着眼，需要一定的积量，方能定性质。所以，我说，程乃珊是中国当代文学的"异数"。以自然观论，人的运数总量都是有限的，这方面多一点，那方面就少一点，不能什么都是你得。那回我和她在旧金山，住同一套公寓贴邻的两间卧室，女性之间本就亲密，何况朝夕相处。一日早晨，她让我帮着卷头发，触及肤发，不禁感叹老天爷给了一副好胚子：头发黑亮，极富弹性，牙齿如同串贝，指甲是又一种贝类，肌肤润莹。她对镜子一笑：可惜塑型没有塑好！这句话回得很俏皮，而且有急智。我知道，她一直自愧不如母亲长得好。

从文学生态总体看，《金融家》似乎孤立于承前启后的生物链之外，但在程乃珊自己，却有踪迹可循。《蓝屋》中，那位野蛮生长的顾老先生就是。草根阶层走出来的中国民族资本家，今天的话叫做"凤凰男"，资产阶级本是胼胝手足，泥里水里起家，不像贵族，征战中出来，光荣照耀后世。英剧《唐顿庄园》，大小姐玛丽不得已和生意人结姻缘，放不下架子，凛然道：我们是继承，你们是买！这话说得精到极了，一下子划分了阶级。程乃珊其实从来没有被"买"来的优雅迷惑眼睛，深谙花团锦簇中的硬骨头。自己的生活何尝不是呢？一路过来，情何以堪。程乃珊的驯顺里，也藏着些犀利的刀锋呢！无意扫见电视里播放谈话节目,因有程乃珊出席,便看下去。话题有关南北文化对比,因此南人北人各持一方。北派明显占压倒之势,有语言的便利,南方人说国语普通话总要隔一层,反应和出言就迟缓了;语言又带出气场,近首善之地楼台,得月在先,难免居高临下。轮到程乃珊迎战,对方取抑扬术,恭维开场:我是看程老师书长大的——程乃珊即道:你不要这么说,大家要算出我的年龄了!止不住叫好,程乃珊的急智又一次显露山水,真是痛快。

　　《金融家》原是程乃珊"三部曲"计划的第一部,后两部没有动笔,原因很难追究。写小说,尤其长篇小说,需要的条件很复杂,有时候却又很简单,就是没有在应该开始的时候开始,于是欲望退潮。对文学史不谓不遗憾,从第一部看,我们有理由展望第二部和第三部的前景。好在程乃珊受上海叙事感召,写作大量非虚构文字,为这个城市描绘毕肖的画像,增添近代历史记忆的库藏。正当其时,造物又来分配总量,我们只能这样解释,程乃珊得天独厚,预支了应定的份额:天资和才华,爱情和家庭,事业和生活,尤其是,生活的那股子热腾劲,她多么爱生活,爱得太多、太多,于是,戛然而止,定格——华美、丰饶、快乐、兴致勃勃!

沈 芸

老 派

去年岁末,有一部电影《罗曼蒂克消亡史》上演,讲述的是丛林法则时期的老上海。而我则想到了另外的两个字:老派。

我在看完两遍以后,在梅林茂 Take me to Shanghai 的歌声中,决定延续一下老派上海人家的传统,做一个冬至要吃的蜜蹄髈。

我遵循着我所知道的最传统的方法,亦步亦趋,争取在最大限度内,不做一点改变:

一只剔骨绳扎的后臀蹄髈,氽水后要焖上一个钟点。黑木耳泡发好,桂圆剥好,红枣洗净,备用。蹄髈炖上,开锅后,大火转小火,加入木耳、桂圆。然后,三年陈黄酒(不要料酒)、广东片糖、头抽酱油(可以适当配一点老抽提色)依次加入,一样也不能少。

做这道菜,足足要花上一个晚上。至少,文火煲里炖四个小时,每一小时给蹄髈翻一次身,炖到三个小时的时候,我加入了一大把红枣。

这是道隔夜菜,等到第二天家人和客人来吃晚饭之前,再用小火慢慢回炉收汤,调羹将锅里的酱汁一遍一遍地浇在蹄髈上,不能着急,这活儿很累人,也最见功夫。一定要小火,否则蹄髈的皮是要粘锅的。

为此，以前我家老辈人红烧蹄髈时，都要在砂锅底上放一块竹编的笆子，就是这块竹笆子，最后浸透了肉的味道，我们小孩子会抢着把它舔干净，想想真作孽。

浓油赤酱的蹄髈终于上桌了，拆掉扎绳，用刀子切开蹄髈，"哗……"的一下子划开，一股浓重的肉香热烈地喷了出来，再浇上桂圆红枣的酱汁，"浓情蜜意"四个字得到了最精准的诠释。

被蹄髈酱汁熏了整整一天的我，看着肥嘟嘟的大肉，一点胃口也没有，做饭的人常常是这样，做到最后，一口都不想吃，最开心的事儿是看着大家把一桌子菜统统吃光。

今年我家的客人是位肉祖宗，他说，辅料里最好吃的是黑木耳，糯得不得了。

这样的蜜蹄髈，一年总归要吃一次的，像是拉开春节过年大幕的彩头。

这次，我得到的最高评价来自张乐平先生的儿子阿四，他们是上海著名的老底子人家。他说这种老派蜜蹄髈的做法，现在会做的人已经不多了。其实，不难。功夫，两个字，一横一竖。错的，倒下；对的，站着。

新派的有些做法，如蜜汁蹄髈放在摆盘的菜心中间，上面浇上勾了芡的酱汁，我们是不会这么做的——我固执地认为，勾芡的菜都不好吃。也不会放诸如八角、桂皮、香叶等调味料，太多的味道会让猪肉的本味丢失了，适得其反，我最多放上两片姜。关于放姜，也是有两派争议的，这一点，李安在《饮食男女》的结尾说得很清楚。

我对老派的推崇,源于我的祖父夏衍,他在饮食起居上是个老派人,就像冬天他身上总爱穿的丝绵袄。

　　我们的太祖母和祖母都是浙江德清人,据我姑姑说,我们家烧菜的本源是德清口味。我爷爷不喜欢带味道的蔬菜,不吃韭菜,香菜更是不进门。不吃大蒜和生葱,所以,我印象中的南方菜是不会撒葱花的,除了鳝丝。我们家的油焖虾是绝对不用番茄酱的,红烧肉只放姜和黄酒,绝对不放八角桂皮之类。即便是烧牛肉也不下这么重的猛料。我烧红酒牛肉,最重要的是要毫不吝啬地倒入半瓶红酒,无他。

　　老派人自有一套老派的坚持,我爷爷说在某些方面,他是"顽固分子"。

　　"喜欢上海就爱吃上海菜,不喜欢重庆就不喜欢吃重庆菜,喜欢哪里就喜欢哪儿的菜……"这是电影里的一句台词,据说也是葛优演的陆先生复仇的一句药引子。

　　我爷爷喜欢上海瑞金一路袁家的家宴。晚年,他每年都要回上海,一到两次。一般都是在静安宾馆住下后,第一件事就是去118弄,爬上四楼看望他的老姐姐,吃一顿"屋里厢"的饭。

　　他爱吃南方的豆子,袁家烧的葱油本地豆,焖炒嫩豌豆,盐水焖酥的"牛踏扁"毛豆是他的最爱。

　　袁家的饭,我从小到大都认为是最好吃的饭,之一。

　　在小孩子的眼睛里,总有吃不完的好吃的家,就是最好的家。

　　他们家客堂间的方台子每天是最闹忙,收拾清爽只是中场休息。

　　从早饭开始,大家就可以各尽所需,有大饼、油条、糍饭团;也有泡饭、酱瓜、咸鸭蛋、肉松;还可以有牛奶、咖啡、面包、白脱油。摆了满满一台子,要到十点多以后才会收拾掉。

十二点一过，七盆八碗又摆了一台子，起码要五六个菜以上，汤是必须有的，有时还是荤素两个汤。晚饭要简单点，所谓简单，就是不再烧新小菜了，但是，要吃稀饭有稀饭，要吃馄饨有馄饨，要吃面条有面条，挑选的范畴极为宽泛。当然，这只是一般情况，如果有客人来吃饭就是另外话讲了，而他们家是三天两头有客来吃饭的。

下午，我们还有点心吃。上海人的点心，是晚饭前的点点心，不是三层高的英式下午茶。

家里煮了赤豆芋头羹或酒酿小圆子，也会给我们小朋友买生煎馒头或奶油蛋糕来吃。夏天冰箱里的可乐汽水、雪糕冰淇淋随吃随有。

我小时候，上海的单位夏天发冷饮，每天寄爹下班回家都会拎两瓶水，他告诉我，他办公的地方长了两棵树，一棵可以打出白水，一棵可以打出甜水。这个故事，我一直坚信不疑，直到二十多岁大学毕业，还在惦记他单位里的那两棵树，希望他带我去看看，寄爹被我说得一头雾水，他早就把自己编的谎话给忘光了。他女儿在旁边听得笑不动，说，那是骗你的，一种是苏打水，一种是酸梅汤。

我们吃小笼包，一屉小笼，一碟姜醋，不像陆先生那样拗"鼎泰丰"造型。但吃鲜肉月饼或者是拿破仑，都会先拿出碟子，摆好了，再吃。像王妈和吴小姐那样从纸袋里拿出来就直接往嘴里送，点心渣是要掉在台面上的，不雅。如果把熨平的亚麻桌布上，搞得一摊油渍，就更是坍台。

"人客来了……"

客人坐定，问："茶，要吃哦？"只是一句客套，规矩大的客人常常会推脱一下："不要麻烦啦，歇一歇就跑……"那也只是一句客气。

不一会儿的工夫,老阿姨就会把茶端上来,这是留客的规矩。

熟朋友往往还是麻将搭子,麻将一搓起来,"白相"到了晚饭点,肯定是要留饭。

生活要有仪式感,这句话在袁家,又适用又不适用。形式大于内容的事,讲究实惠的老上海人认为是"洋盘"。我记忆中,袁家的家宴不会是电影里没有烟火气的样子,女眷也不会像章子怡那样端着肩膀,翘着兰花指夹菜。

袁家是中产人家,但做过大场面。我的姑奶奶,也就是我爷爷的二姐姐沈云轩,1986年在梅龙镇摆酒做百岁大寿,我爷爷带着一双儿女和秘书从北京飞过去,老太太在华尔街当银行家的女儿女婿从纽约飞回来。

那一天,宾客云集,老祖宗像贾母一样的风光。为此,袁家的儿女们从景德镇特制了一百只寿杯,很多街坊邻居、亲朋好友还专门来讨寿杯,沾"寿气"。

正好,说到了餐具。电影里,不管是陆公馆的家宴还是家里吃泡饭,用的都是现代的新派餐具,已经西化了。老上海人家盛菜是用碗盘,而不是现在从西餐改良过来的平盘。袁家用的是景德镇的青花玲珑碗碟,我小时候管它叫小米粒。

侯孝贤《海上花》中的每顿饭,吃得都对。但那一年代更早,应该是开埠之前。

有些"老底子"人家的餐具,碗盘上还有一个盖子,动筷子前,把盖子打开,衬在盘子下面做托盘。美国《生活》杂志上登了一组蒋介石宋美龄就餐的照片,用的就是这款餐具,现在基本绝迹了。

日式餐具现在很流行,适合摆盘,不适合我们中国人的盛菜。

老派上海人吃饭讲腔调,但不拗造型,米其林那种盘大菜少的作派,完全不适用老上海。有一年,李子云去台湾,连战在圆山大饭店宴请他们,一上菜,把她吓傻了,整鸡、整鸭、整蹄髈,还有四个大狮子头……她说,还是那种解放以前的吃法,现在的上海人不作兴这么吃啦。

饭菜在变,口味在变,上海话也在变。

《罗曼蒂克消亡史》里面,至少有三代上海话在古今大战,听得让人出戏。听《海上花》里梁朝伟和《色戒》里汤唯讲的上海话,我的耳朵不断提抗议,拜托!以后还是用配音吧。

到底还是王家卫,他是香港上海人,身上蕴藏着很多的老派。听他的姐姐说,他们的爸爸是一定要让自己的孩子会讲上海话的。《花样年华》里洪金宝奶奶的一句"荠菜裹馄饨",听着真窝心。

在北京,我们家老辈人在家里依然保留着说上海话的习惯,在"二流堂"的圈子里,大家也都说上海话。

我爷爷的上海话带着浓厚的杭州官话口音。我爸爸和姑姑的上海话很标准,现在的人听了都说,他们是老派上海话。以后的小辈说的都是新上海话了,像"肉麻""弄怂"这样的词快听不到了。随着新移民的涌入,又把很多普通话翻译回上海话,南腔北调"洋泾浜",连"阿拉""侬"的单复数也不分了。

上海话要说得好听,不容易,舌头一定要软,要滑。我的舌头已经硬了,不会讲,但耳朵还软,能听,分辨得出好坏。

我听过最好听的上海话,来自袁家的那位美国五姑姑。她现在已经九十多岁了,1948年离开上海去的美国。与李丽华是闺蜜的她,长期生活在纽约的华人圈,周边都是老上海,所以她保留了一口纯正的老上海腔,及一个坚定的上海胃,身在纽约,心系上海。她说,只要一吃牛排,就觉得自己生胃癌了,回上海吃到屋里厢的小菜就全好了。

这番 take me to Shanghai 的话,她逢人便讲,每次都绘声绘色。声调、表情、语气像极了《花样年华》里的房东孙太太潘迪华,她得的是思乡病,跟电影里吴小姐"在重庆要饿煞了"是同病相怜的。

在她的同辈人里,只有她的一口上海老派软语,保留着好听的尖团音。比潘迪华还要嗲,她叫我爷爷:"娘舅~~",那一声糯米嗲,能直接把人化到八宝饭里去。

有一次,她从香港过来,我问她,香港的饭很好吃吧?她却回答说,广东话听不懂。这让我仿佛听到《色戒》里易太太陈冲在抱怨:香港,潮是潮得来,连握个手都能挤出水来……

三年长工变太公,这句话最适用把我们带大的老保姆。上海是一个很早就有中产阶级的城市,不夸张地说,在"上只角",家家都有一个王妈。葛优演的陆先生,原型可能是杜月笙,但是王妈不需要有原型。在《花样年华》里她是洪金宝的奶奶;在李子云家,她是秀英;在瑞金一路袁家,她是彩宝。她们的权威从客堂间一直延伸到灶披间,再通到后门的弄堂——王妈向主家推荐杀手,替戴先生给吴小姐送戒指、传话,还掌管着大公馆上下的钥匙。

我们这些小孩子看到她们,也要服服帖帖,被她们犀利的眼睛看出什么破绽,被大人知道了一顿训,就全凭老阿姨的一张嘴了。我小时候养在上海,带着我妹妹搭着凳子在四楼露台上往下看,被瑞金一路的寄娘骂了一顿,这个危险动作就是被她家彩宝看到后去告的状。

宋庆龄在晚年，每天最重要的事情就是写信，相当于"煲电话粥"，她在给沈粹缜和廖梦醒的信里，很多时候都是在谈她的保姆，用廖承志开玩笑的话说："Auntie是打个喷嚏都要告诉你（廖梦醒）"，这个时候的宋庆龄，是一个再平常不过的上海老太太。就像李子云在写给我爷爷的信中总要说她家的秀英，袁家在信中要说他们的彩宝，心情是一样一样的。

中国式的家庭雇佣关系，不是《唐顿庄园》，没有上下班打卡，人情的比例很重。一旦人情超越了等级，就成了里外分不清的"一家门"。

在弄堂里，保姆们议论主家的是非八卦是常事。同样，主家也会把佣人的家长里短搬到台面上做谈资，王妈"弄怂"小张的段子，就在陆公馆被"寻开心"了好一阵子。

"中浪厢有蹄髈汤，留下来吃饭……噢，太太！"《花样年华》里的老保姆想留苏丽珍吃饭，只要"噢……"的一声知会孙太太，自己就可以做主了。李子云也说过，她家秀英喜欢的客人才会留饭，秀英不留饭，她也没辙……秀英做的菜好吃，咖喱鸡、卤蹄髈都是拿手菜，朋友吃了高兴，秀英还会打包给客人带走。

"我家的秀英，可是见过大世面的，'文化大革命'中，造反派把她堵在阳台的角落里，逼她离开我们家，说我母亲是剥削阶级。秀英不慌不忙地回答，他们没有剥削我，是我没地方去，不要他们家工资。"这样的老保姆跟了她们李家三代人，养老送终。

同样，养老送终的还有袁家的彩宝，她在服侍我爷爷百岁老姐姐归西的前后几年中，曾经遭遇过一次来自家族内部的信任危机，我爷爷对彩宝有评价：(对老太太)照顾得好或不好，能活到这么大岁数，

甜如蜜　80

就是照顾得好。

结果,彩宝不战而胜。

这也是以"王妈"为代表的老派上海人家里非常奇妙的一种家庭关系,《罗曼蒂克消亡史》抓到了本质,以此,掩盖掉了七七八八上海话的不足。

葛优的陆先生,那个端着"三碗面"(体面、情面、场面)的大佬,他的复仇过程充满冷血和不露声色,一切做得果决而规矩,这种行事风格是老派上海人中的经典。

老派,既是个性,更是规矩,不然就会像电影里说的:"这些人没有正常人的情感,他们不喜欢现在这些,高楼啊,秩序啊,好看的、好玩的、好吃的,他们都不喜欢,或者是有其他什么目的,毁掉上海也不可惜……"

阿拉上海人都认为,上海是最好的"我的城",连我爷爷这种走南闯北的人也不例外。

对于流行,他说,女孩子要戴小表才漂亮。

依然,还是老派。

朱正琳

多一个字也不肯说的周有光

采访周有光先生,不是范用先生牵的线。当年《读书时间》栏目的男主持人刘为偶然间读到周先生的《语文闲谈》,引为奇书,报了选题并登门恳请周先生应允,这才有了那一场采访。据周先生夫人张允和先生后来云:"从那以后就开始有媒体光顾周先生,所以我们常说,刘为是始作俑者。"

在正式采访之前,我当然也做了功课,把《语文闲谈》上下两册通读了一遍。我的惊奇应该不亚于刘为。后来我曾写过一篇小文来谈我读后的那份惊奇,题名为《瘦得有精神》。这个题目是借用了金克木先生早先发在《读书》杂志一篇文章中的一句话:"鲁迅的文章瘦,瘦得有精神;现在的文章肥,肥得有气派。"我在读《语文闲谈》时立即想起这句话,并认定周有光先生的文章就属"瘦得有精神"一类。周先生自称他的那些"闲谈"为"超短篇"。三五百字甚或一两百字就独立成篇,读来每每觉得似乎话未说尽便已戛然而止,有些突兀。细想却发觉要说的事的确已全然说清,再说就属多余。篇篇如此,无一例外,真可谓惜墨如金!合上书本我未免神驰,心想,多一个字都不肯说,周先生其人的思想该是何等地清晰简洁?再细读,更发觉篇篇文字确实都堪称"闲谈",话题的由头也总是信手拈来,从北京晚报到华盛顿邮报都在"旁征博引"之列。那些看似不相干的话头,经作者三言两语轻轻一点,就都扣紧了"语文"这个题目。换句话说,作者从那些庞杂的"闲谈"中理出了各种各样的"语文问题",并让读者心里一亮,一下子就明白了它们何以是"语文问题"以及是什么样的"语文问题"。读周先生书,我想到最多的是"烛照"一词。在我的整个阅读过程中,的确像有一根蜡烛,照亮了那字里行间。

采访是在演播室进行的,那是我第一次见到周先生。开拍前在休息室里,刘为问了周先生一句:"听说您懂得英、法、德、俄、日五门语言?"周先生立马纠正说:"不,我不懂德语。"沉默片刻之后,他大概意识到刘为是在做访前准备,又小声补了一句:"我懂点希腊文。"我们一屋子的人当然都有点给镇住了。说来惭愧,此前我对周先生一无所知,甚至连这个名字都没听说过。刘为报选题时介绍情况说,周先生原为经济学家,有金融学的专著,业余做语言学研究,也发表过论文,且显然名声在外。解放后经郭沫若先生推荐,从上海调到北京进入文字改革委员会工作。今日写至此,我不由想起近日读到周先生百岁以后写的一段文字。其中谈及在普林斯顿大学与爱因斯坦闲谈,爱因斯坦说了一句让周先生铭记终生也让我过目不忘的闲话:"人与人的差别在业余。"

采访进行过程中,我们全组人都越来越惊奇,很快就将眼前这个93岁的老人引为奇人。他的讲话,与他的超短篇文字一个样,清晰、简洁、戛然而止,多一个字都不说。但问题确已说清,而且透彻如有"烛照"。写文章落笔前可斟酌,落笔后还可删改,说话也如此精准，实属罕见。在我耳闻目睹的各次采访中，即便这不是唯一一例，也是印象最深的一例。因为是谈语文问题，我们还特意邀请了一些青年学生来做听众，并在采访结尾处留了时间让他们提问。周先生对这些学生的回答，竟让我想起外交家们的答记者问，清晰简洁自不必说，且似乎是有备而来，滴水不漏。我这种联想只是一个比喻，想说明的是，周先生的回答精准到那种程度，仿佛是出自一个高度警觉的人。当然，周先生与外交家的区别也是不言而喻的。周先生与学生之间完全不存在外交家与记者之间的那种微妙的紧张，他也并不需要小心地回避问题中设下的陷阱，所以他的精准回答不是出自一种技巧，而是其思想的自然表达。西谚有云："谁想得清楚，谁就说得清楚。"周先生说得那么清楚，可见他想得有多清楚。他时年已有93岁，非但没有一丁点老人常有的啰嗦，而且也从来没有老人常有的跑题（比如天南地北的漫天联想）。惊叹之余我对同仁们说："如果我70岁时能像周先生现在这样的思想清晰简洁，我就会认为自己很了不起了！"我当年50岁刚出头，在组里年龄最长。

大约两年或三年之后，周夫人张允和先生出了一本书——《最后的闺秀》，我们一组人到他们夫妇家里做采访。由于书是回忆录性质的，周先生也应邀在场，做了一回张先生的"配角"。编导做了一个特别的设计，让他们夫妇俩并肩而坐。张允和先生虽为主角，坐姿却仍有"夫唱妇随"的做派。你让她坐在周先生右侧，她的身子就很自然地微微左倾；你让她坐在周先生的左侧，她的身子又很自然地微微右倾。时年90岁的她，还一副备受呵护的"娇妻"模样！我们眼前所见，确实是传说中"一对让人眼热的情笃夫妻"。坊间传言，说这对夫妻终生举案齐眉相敬如宾,单看他们俩在镜头前这一坐,我们就都信了。

  周先生那天的那个"配角"做得之称职,让我们又一次被惊住了。他从不抢话,一直仔细地在听张先生说,脸上分明还流露出几分温情。到张先生告一段落之际,他每每会慢条斯理地补充一两句。你要仔细一琢磨,就会发现,他那"一两句"又总是说到了点子上。要么是张先生一时忘了说的紧要细节,要么是"点睛之笔"的小小评论。看得出来,他是在用心地维护和提高张先生谈话的质量。他做得很认真,但话却说得随意且机智。我记得,在说到他通过借书来追求张先生的往事时,他在一旁似有几分得意又似有几分自嘲地点了一句:"七十年前谈恋爱的一种小技巧。"后来在说到他教90岁的张先生学用电脑时,他对主持人的赞叹做了一个高端(我的感觉!)回应:"我们研究语言学的,从来就注意语言和机械的关系。"周先生论人论事,总让我感觉他的话是从高处来的。还能想起的一个例子是,周先生在私下里与刘为闲谈时说到:"沈从文就反对文字改革,这家伙,知识不成系统。"周先生与沈先生是连襟,从这句话,可见两人交好。不过,即便是这样随意地一个点评,却也足可见周先生立论之高。

  听说百岁以后的他曾半开玩笑地自许为"五四时代仅存硕果",我信其然。而且,从他身上我也再一次感觉到了"五四"的巍峨。

白谦慎

王弘之老师

1972年，我中学毕业，由于哥哥已经到黑龙江插队落户，我可以留在上海工作。当时，上海财贸学校建立，我进了金融班学习，毕业后可以留在上海的银行系统工作。1973年，亦即我在上海财贸学校读二年级的时候，我们班的语文老师换作王弘之先生。王老师的个子不高，人也比较清瘦，戴着眼镜，头发向后梳，看起来很有书卷气。

上王老师的语文课，有两件事给我的印象很深。第一是王老师的板书，端正清秀，让你一看就觉得有学问。第二是你再怎么认真地自我检查，作文交上去以后，他总能找到你书写上一些不规范处，或是标点符号用得不够准确的地方，让你下次得更认真，不敢造次。

王老师很会讲课，他虽然在上海长大，但是普通话讲得很好，不像有些老师，总是带着浓重的家乡口音。除了抑扬顿挫的声调外，他在讲课中，能够旁征博引，穿插一些引人入胜的细节。总之，他是一个会讲故事的老师。

得知我对写字有兴趣，王老师多所鼓励，并给我一张上海银行学校刘景向老师根据前人总结的经验，准备的汉字结构三十六法的资料。由于银行里的会计票据和定期储蓄存单都是用笔写的，所以上海银行学校是钢笔和毛笔字同时教的。刘老师这个资料对掌握钢笔字的结构很有帮助。当然，随着学习的深入，也逐渐会了解到，在实际的书写中，很多书法家常常不被成法所约束，此是后话。

家父曾任职于中波海运公司（总公司在上海，分公司在波兰的格登尼亚）。1973年恢复工作后，他不愿意回原单位，便到北京的中国远洋运输总公司工作。1974年夏天，财贸学校的第一届学生要毕业，暑假放得晚。我因学业已全部完成，所在实习单位静安区办事处决定留我工作，便请假和母亲到北京探亲去了。在北京，我除了到长城等地游览外，还去了琉璃厂看字画碑帖。那时刚开始学书法不久，并不懂好坏，我就写信给王弘之老师（因不知王老师的地址，信委托在上海的同学姜国庆和郝沪明转交），征求他的意见。王老师在回信中说：

> 别后先后从姜国庆、郝沪明同学处转来你的来信，知道你这次暑假过的很愉快，跑书店看了不少碑帖，可谓大开眼界。不过碑帖价目都较贵，我前次嘱姜国庆转告你：木版的千万不要买，因木版的几经转刻，字形已失真，看不出用笔的规律，不如珂罗版（即照相版）的尚能保持原来的精神。至于原拓本好的必为国家收藏了，出售的拓本一定缺损很多，价钱也不会便宜，我觉得还不如买照相版印在宣纸上的好，因为他所取的底本一般都是较早出，风雨剥蚀较少的善本或名书法家的真迹或家藏善本碑帖，以我们的财力还可办得到，不知姜国庆可曾告诉你？我八月七日才从郝

沪明手转来你七月二十六日的来信，所列碑帖目录可谓美不胜收，只是自己的财力有限不能尽购，从中我想请你为我代买一本赵孟頫的胆巴碑（不要选字本），就是价格八角的那一本。

王老师在信中还说：

听说你不久将离北京往南京与郝沪明同学会晤，我建议你们参观一下南京市的江苏省博物馆，内容很丰富，听说南唐后主李煜的陵墓也是像北京十三陵的定陵地下宫殿一样发掘出来，不知现在可开放？你们也可去看看。

在信的最后，王老师还对我寄去的书法习作表示肯定："书法大为进步，可喜，可喜。"

今天重读四十多年前的这封信，可以看到，王老师给予我这样一个初学者的建议既是浅显的，也很到位。在条件远不如今天的当时，王老师指导我选择最可行的路径来学习书法，避免事倍功半。他也不忘提醒我，在旅行中多注意古代的文化遗迹。也正是在这封信中，王老师邀我回上海后，有空到他家去面谈。这就意味着，在我离开了学校之后，还将有机会向他请教。在学习气氛不是很浓的时代，有责任心的前辈们，总是给予有学习愿望的后生们更多的机会。

从北京回到上海后，我便开始上班了。王老师的家离我的单位和家都很近，走路大概不到半小时，骑自行车，只需几分钟，从此我经常前去请教。那时候有私人电话的家庭极少,我去拜访老师之前也无法事先通知一下。通常是骑车到了楼下,敲门。人在,就坐下和老师谈一会。人不在,返回,过几天再来,反正也没有什么急事。王老师有写日记的习惯,日记写在上海文具店里卖的一种普通牛皮纸封皮的笔记本上。钢笔字和他的板书一样清秀规整。王老师去世后,师母李云霞老师和大儿子王志雄整理王老师的日记,听他们说,王老师的日记中记载着我的每一次访问。毫无疑问,我是常客。

年代久远了,当时很多谈话的具体内容已经记不清了,有些依稀记得大概,有些因为当时触动比较大,所以记下了。开始去拜访的时候,书法是主要的话题。王老师和我谈书法,并不对书法的技术问题做很多的讨论。那时,我每天在毛边纸上临颜真卿的《多宝塔碑》,在报纸上写大字。有一天,我到王老师家,告诉他我对中锋用笔的体会,他说我的理解是对的。在日常的谈话中,王老师更多的是启发和品评。其实,当时周围的其他老师也都是通过品评来表达自己的审美观念。1973年我在静安区办事处实习时,骑车路过一个"群力皮鞋店",那个店的招牌是用一位当红书家的字体写的,我很喜欢。有一天我兴致勃勃地拿着新买的那位书家的字帖去给我的会计老师濮思炽先生看,他的简单回答让我大吃一惊:"这个字俗。"一个会计老师,平时并没看出他喜欢书法,居然对一位当红书法家发出如此自信而又尖锐的评论。当时年轻,对濮老师的评价非但不理解,而且还满腹狐疑。不过我知道,他绝不是信口臧否。濮老师之前在市分行工作,是非常优秀的财会专家,在业内有很高的声誉。濮老师的"棒喝"至少让我明白,自己认为漂亮的字,别人不见得抱有同样的看法。

这些疑惑我以后在去王老师家请教时，都会向他谈起。王老师为人性格温和，小心谨慎，在我这位年轻人的面前，不会用濮老师那样尖锐的语言去评价他人。但是，他总会在某些地方点一下我，让我自己去体悟。比如说，刘景向老师的楷书功力非常深厚，写黄自元一路的欧体字，十分精准。王老师和刘老师是同事，财贸学校恢复写字课，王老师首先就去邀请刘老师出山。但是，王老师在评论书法时，总是说，在他当年的同事中，邓伯超先生的字写得最好。他和邓伯超先生做同事时，中午休息，邓先生便会在地上用水写大字，很有气势。后来王老师曾经命我为邓伯超先生刻印，可我却从未请到邓伯超先生的墨宝，现在想来真是遗憾。当时的上海，还有不少书家前辈健在，只是由于种种原因，没有露面而已。正是在王老师的循循善诱中，我对书法的看法慢慢地趋向成熟。

随着王老师对我的了解逐渐加深，我们之间的谈话，慢慢扩展到了他的教育背景。他在上海长大，中学读的是上海名校沪江大学的附中，大学读的是沪江大学政治学系。沪江大学是所教会学校，有相当一部分课程是用英语教的，所以王老师的英文很好。只是由于日常没有对话的机会，他的口语已经有些生疏，但流畅阅读一点问题没有。受家庭的影响，王老师对中文和历史一直很有兴趣，他的中文老师是著名科学家、北京大学教授王仁先生的父亲。由于国学修养好，1949年后，王老师在银行学校教语文。

王老师的板书写得精彩，是因为他少年时，每日都要写小楷。由于父亲的原因，他童年时便认识了寓沪的一些湖南籍书画家和学者，如曾熙（农髯）、符铸（铁年）、马宗霍等。王老师习字时，符铸曾送给他不少自己在毛边纸上练的字，以做示范。这些习字王老师曾拿给我看。符铸的行书胎息宋代书家米芾,写得很潇洒。

谈书法,谈自己少年和青年时代的教育,谈民国时期的一些书法家……随着对我的信任的增加,王老师的话题越来越广,只是他从来没有跟我谈起他的父亲和母亲。在王老师房间的沙发后面的那面墙上,分别挂着一个中年男子和一个妇女的照片,我想这大概就是王老师的父母吧。我从来没有问起过他们是哪里人,出身什么样的家庭。那是一个对家庭出身极为敏感的时代,对前辈的家世,别人不主动谈,我不会问及。

1977年,中断了十一年的高考制度恢复。我因上初中时没有好好读书,又没有上过高中(初中毕业后学工学农一年后入上海财贸学校),所以没有参加第一次高考。1978年夏,在经过了几个月的复习后,我参加了高考。因77级大学生1978年春季才入学,第二次高考的时间比较晚,9月才发榜,我被北京大学国际政治系录取。不过北大国政系并非我的第一志愿。由于考大学时我在银行工作,父亲又长期从事经济工作,我的第一志愿填的是北京大学经济系和图书馆系。想必上海有同样报了这两个专业的考生的成绩比我好,先录取了他们,没有名额了。北大上海招生小组打电话给我,告我国政系还有名额,问愿不愿意去。因为那时上大学不容易,我担心拒绝了北大,其他的好大学不见得要我,就立即答应了。当我告诉王老师我要上国政系后,王老师说,这个系和他原来在沪江大学读的政治学差不多,对我很是鼓励。我赴北京前,他给在沪江大学附中时的老同学王仁教授专门写了信,叫我去北大后带着他的信去拜访王仁教授,有什么事,请王教授关照一下。临别时,王老师专门对我说,到了大学以后，有两件事要抓紧：一是学好古汉语，二是学好英语。这两个基础打好了，不管学什么，做什么，都会比较容易。以后，他又不止一次对我说过类似的话。

王老师是老派读书人，讲究基本功。他给我的建议，是一个过来人的经验之谈。他出生在新文化运动发生后不久，他的父亲和他本人就是在新旧文化的交替冲突和磨合中，兼取两者之长的。而语文能力一直是传统学者视为探究中西文化最为重要的学术津梁。我后来才知道，他的父亲学贯中西，是章太炎先生的友人。王老师本人和章门弟子、主持廿四史点校工作的经学家马宗霍先生及马先生的公子马雍先生（社科院历史所研究员）都有交往，与同住明德里的古文献专家吕贞白先生也是好友。所以，他虽然在上海银行学校（上海财贸学校的金融班后来恢复了"文革"前的原名）教书，但是其视野和见识又岂是一个普通的中专语文老师所能限量。差不多整整四十年过去了，我在西方的大学和中国的大学任教也已二十多年，王老师当年的谆谆教诲依然在耳边，而且随着时间的推移，我越来越能体会他当年提的建议是多么重要。只是令我汗颜的是，生性喜欢随着兴趣做事的我，年轻时贪玩，意志力不够坚强，并没有在语言上狠下工夫，年过花甲，中文和英文皆仅只能应付日常工作而已，距离王老师的期望真是相差得很远。

我到北京读书以后，有空便会给王老师写信，向他汇报自己的学习情况。寒假和暑假回上海探亲，也会去看望王老师。1979年7月23日，我回到上海过暑假，王老师不在上海，外出了。8月4日再去拜访时，王老师还是不在家。见到了李老师，也没说起什么事。8月8日，见到了王老师，谈话如故。那年的暑假，还和王老师一起去拜访了刘景向老师和章汝奭老师,一切看似正常。后来才知道,那年夏天,王老师的家里发生了一件大事。

第二年夏天我回上海时,王老师到青岛休养去了。8月18日,我收到了王老师的明信片,告我他已经回到了上海。因为住得近,当天我就骑车去看望老师了。

两天后(1980年8月20日),我再去王老师家时,他神情严肃地向我谈起了自己的家世。他告诉我,他的母亲是广东人,叫孙婉,是孙中山先生的次女。父亲王伯秋是同盟会的早期会员,深得中山先生的信任。母亲到美国留学时,中山先生委托在哈佛大学读书的父亲照顾母亲。日久生情,两人相爱,结婚,生下了一个女儿和王老师。可父亲在家乡有原配,祖母以死相胁,不许父亲和原配离婚。只要和父亲能在一起,母亲并不在乎是否有妻子的名分。可中山先生则不能容忍自己的女儿做"妾"。父亲幼年丧父,从小被祖母艰难地拉扯大,是大孝子,在左右为难之中,他选择了和母亲分手。

王老师的父亲王伯秋是湖南湘乡人。十多年后,我开始研究晚清名宦吴大澂,对近代史颇有涉猎,对湘乡在近代中国的重要性有了认识。太平天国兴起时,满清的八旗兵和绿营兵都已经没有多少战斗力,太平军势如破竹。湘乡籍官员曾国藩回乡组织团练,建立湘军,挽救了摇摇欲坠的清王朝。太平天国覆亡后,湘军集团的很多成员成为封疆大吏,也参与了随后的洋务运动,湘乡成为中国政治中一个举足轻重的地区。甲午战争爆发,北洋舰队覆没后,清政府期冀在东北的陆战和日本做最后一搏。时任湖南巡抚的吴大澂带湘军出关。牛庄之战,湘军老将魏光焘和湘军第二代将领湘乡李光久,与日军浴血奋战,终于寡不敌众。湘军在甲午战争中失败后,湖南的救亡变法风气变得十分激昂。王伯秋正是湘军子弟,他的父亲王谨臣追随曾国藩办团练,曾任常熟镇总兵、台湾基隆镇总兵、淮北水军提督。因此,王伯秋早年曾入杭州武备学堂。此后,留学日本早稻田大学,又在哈佛大学完成了本科教育。不过,和他的父辈浴血奋战捍卫大清王朝截然不同的是,王伯秋在留学日本期间认识了孙中山,加入同盟会,追随中山先生为推翻帝制而奋斗。民国时期,曾任立法委员,东南大学代理校长、教务长。

王老师还在襁褓之中,父亲和母亲就离异了。在此后的几十年中,再也没有见过母亲。后来,王老师和在台湾的姐姐王缱蕙恢复了联系。一个偶然的机缘,王缱蕙打听到母亲还健在,寓居澳门,设法取得联系。1979年,王缱蕙安排弟弟赴香港,与阔别六十年的母亲见面。当王老师在上海办好赴港手续、买好机票准备出发之际,噩耗突然传来:望眼欲穿的母亲,兴奋得几个晚上睡不着觉,于6月3日突发心脏病去世。

造化竟如此捉弄人!

王老师告诉我他的家世时,母亲去世已经一年多了,他已经从悲痛中走了出来。所以,提起这段往事,他的语气相当平静。只是作为一个晚辈,初次听到这母子暌违六十年,重逢在即,最终却天人相隔的悲凉故事,百感交集,却又说不出什么。我默默地听着,听着老师继续讲述他的故事。

由于王伯秋选择了和孙婉分手,在此后的仕途上,一直不够顺畅。尽管他很有才华,官场和学界的朋友也多,但受到孙婉的哥哥孙科的排挤。王老师说他小时候经常搬家,原因是王家总是担心孙家来要孩子。结束谈话前,王老师告诉我,他在孙中山贴身秘书田桓先生的介绍下,参加了民革。

那天骑车回家,满脑子都是王老师讲的故事,这一切来得太快,我还无法马上反应过来。认识七年的语文老师,突然公布了他是伟大的民主革命先驱后人的身份。那天的日记这样写道:"去王老师家,和他谈话。他谈起他外祖父孙中山,他的父母,他参加民革一事。"我的日记向来很简洁,即便写得长,又能说些什么呢?

几天后,我去拜访金元章先生。金先生问我:"小白,你知道王老师是孙中山的外孙吗?"我回答说,知道了。金先生和王老师为邻几十年,也是最近才知道王老师的身世。初听时,也很感意外。看来,王老师已经向朋友们公布了自己隐藏几十年的身世了。随着孙婉女士的去世,当年王家和孙家都视为忌讳的这段恩怨也画上了一个句号。此后,孙家的后人(如孙穗芬等)到上海,常和王老师这位表哥聚会。一些纪念孙中山先生的活动,有关部门也都邀请王老师参加。2011年12月,我到中山市演讲,特地去参观了翠亨村,在中山纪念馆的陈列室里,见到了王老师的照片。

王老师在和我的谈话中,常常提起叔叔王仲钧。王伯秋先生留学回国后,经常要在各地奔波,所以,叔叔一直照顾着王老师。1939年王伯秋先生去世后,更是如此。连生母是谁,也是叔叔告诉他的。王仲钧先生曾任南京图书馆古籍部主任,文化局长。后在上海居住,1949年后是上海文史馆馆员。在30年代和40年代南京和上海的文化界,王仲钧先生十分活跃。在书画方面,由于他和曾熙的关系密切,所以张大千到上海拜曾熙为师时,王仲钧会同友人为其捧场。王老师还曾给我看过王仲钧的友朋书札,信中谈到如何帮助刚到上海的谢稚柳。王仲钧更是一个痴迷的京剧票友,梅兰芳初到上海演出,也是他会同友人买戏票捧场。所以,只要梅兰芳在上海,每逢春节,必到王府拜年。由于家庭的原因,王老师从小就有机会接触很多在上海活动的文化界人士。

"孙中山外孙"这个身份的公开,并没有给王老师的生活带来多少变化。除了多参加一些社会活动外,他仍在上海银行学校当语文老师。1981年夏,他到北京出差,顺便到北大来看我,我陪他在校园里参观,并游览了圆明园,他兴致勃勃。也就在这一年,经北京大学国际政治系系主任赵宝煦教授等的大力推动,中国高校恢复了中断近三十年的政治学专业,我被系里安排到这个新恢复的专业。四十年前,王老师在沪江大学的专业正是政治学。

当我的专业改为政治学后,我和王老师的谈话,更多了中国古代政治制度和民国政府这些内容。赵宝煦老师喜爱书画,到上海出差时,经我的介绍,认识了王老师。赵老师得知王老师熟悉民国的政治体制和各种掌故后,便主动联系当时的复旦大学国际政治系主任王邦佐教授,介绍王老师到复旦大学为学生们讲授"民国政治制度"一课。听说学生反映很好。

王老师的晚境是安详宁静的。上海银行学校升为上海金融专科学校后,王老师被评为副教授(当时职称控制得比较严,全校没有正教授),并兼任校图书馆馆长。他德高望重,很受师生们的尊敬。退休后,除了在家读书外,忙于沪江大学校友会的一些事务。他还是上海文史馆馆员,平时写些回忆文章。他和师母合作出版了《沧桑》一书,讲述王家1949年前的故事,包括王伯秋与孙婉的悲欢离合,2006

年，由团结出版社出版。

  2005年，我的著作《傅山的世界》中文繁体字精装本由台北石头书屋出版，我请出版社给王老师寄了书。6月5日我到上海看望王老师时，他已经读过我的书了。看得出来，见到我的著作出版，他很高兴，说了一些鼓励的话。我也把自己的吴大澂研究向王老师做了介绍。随着年事的增高，王老师已经不太外出，但身体还是很好。我在那天的日记中写道："王老师今年87岁了，身体还挺好的，耳朵听力不错。李老师正在写她家的回忆录。"

  谁知道那天高高兴兴地和他道别，竟成了师生之间的永诀。2006年，王老师在一次医疗事故中意外去世。从此我到上海，再也不能聆听他的教诲了，音容笑貌只能在回忆中再现。王老师去世后，师母继续着王家1949年后的故事的写作，取名为"岁月"，并嘱我为尚未完成的书稿题写了书名。可2012年，师母也因脑溢血溘然辞世，留下了两部没有完成的手稿（一部是写她的娘家蓬莱李家的）。最熟悉王老师的人走了，他的故事，不知何人、何时还能完成？

裘小龙

叶芝的诗与杨宪益先生

年初意外地去成都参加一个学术会议，四川文艺出版社的编辑要我在当地的老书虫书店顺便搞个活动，配合叶芝译诗选《丽达与天鹅》的出版宣传。还琢磨着要在活动中念什么诗，北京外文出版社发来了一份电子邮件，说我前几年在国外翻译的中国古典诗词，刚列入了他们的出版计划。

于是与四川文艺社的编辑商定，在书店活动中选读两首叶芝的诗。其中一首《当你老了》，不需要多讨论，在微信微博爱情时代几乎成了想当然的选择；但还选读另一首，《1916年复活节》。

这同样是首感人至深的名诗，背景是爱尔兰在争取民族自治运动中的1916年复活节起义。起义失败后，参加者遭镇压，一些人献出了生命。在起事之前，叶芝其实持一定的保留态度，因为他觉得或许没必要走武力极端。一旦消息传来，他还是激情难抑地提起了笔。

诗基调先抑后扬，叶芝开篇很低调地说，他与他所认识的几个起义举事者不过是泛泛之交，早先彼此也只说过些"客套而无意义的话"，因为他知道，说到底，"因为我相信，我们都不过是/生活在身穿小丑彩衣的场所中",这样就在传统的浪漫主义抒情中,掺入了现代主义的反英雄色彩。第二节进一步刻画了这几个远非高大完美的人物,其中还包括了叶芝所痛恨的麦克布莱德,他娶了诗人终身眷恋的茅德·冈(也就是"当你老了"一诗中,诗人念念不忘的"那朝圣者的灵魂"),却对她做出了"最恶劣的行为"。

然而,在他们投身起义的一刻,甚至连麦克布莱德,"也从那漫不经心的喜剧里/辞去了他所扮演的角色"。因为在这样一个时代的悲剧中,他们"变了,彻头彻尾变了:/一种可怕的美已经诞生"。

在谈了"变"后,诗下面两节展开去谈"不变"。"许多颗心只抱一个宗旨,/经过了夏天,经过了冬天,/仿佛给魔法变为一块岩石,/要把那生命的溪流扰乱"……这是他们矢志不渝、为之献身的理念。尽管周遭的一切始终在不停地"变"——马蹄飞奔溅水、松鸡咯咯地叫,云朵变换不停——在这些意象的反衬中,诗又折回到不变的"岩石"。"一种牺牲太长久了,/能把心变为一块岩石。/噢什么时候才算个够?/这是天国的本分,我们的,/是喃喃念一个又一个名字……"

诗人感叹他仅仅只能做这一点,"就像母亲给她孩子起各种名字",可他却感人至深地把这一切变成了诗。

当代苏格兰诗人绍利·麦克兰在题为"叶芝墓前"的一首诗中写过,"你得到了机会,威廉,/运用你语言的机会,/因为勇士和美人/在你身旁竖起了旗杆。"这里,"勇士"指投身爱尔兰自治运动的志士仁人,"美人"则是茅德·冈。因为他们在背景中,诗人的抒情逾越了个人际遇的层面,融入了整个民族"英雄悲剧"的高度。《1916年复活节》完美体现了这一点。

不过我选这首诗,还有一个自己的理由,许多年前就已有了的一个理由。

因为杨宪益先生。

因为在这一刻,四川文艺社的活动与北京外文社的来信,似乎鬼使神差地凑到一起,让我又想起了杨先生。

生活中确实也充满了数不胜数的"阴错阳差",让人不能自已。在一本英文小说中,我把这古老的中国成语译成了,"错置了阴阳的因果",还引用了冯至先生的几行诗:"哪条路、哪道水,没有关联;/哪阵风、哪片云,没有呼应,/我们走过的城市、山川/都化成了我们的生命。"后面两行或许也可以稍稍改一下,"我们遇到的一个个人,/都塑成了我们的生命。"杨先生正是其中重要的一个。

我第一次读到杨先生的翻译作品,远在三四十年前。在"文革"后期,在上海福州路的外文书店中,除了一片红海洋似的毛诗词英译,唯一能找到的文学作品(英文版),就是杨先生与戴乃迭先生翻译的鲁迅作品选。

那些日子我在外滩公园和人民公园自学英语,苦于找不到原版作品,就把他们的译本用作许国璋课本外的唯一精读。他们的翻译确实生动、传神,在英译中读鲁迅,有时甚至会有意外的领悟,就我自己而言,也可以说是借此走近了鲁迅。

稍后一些日子,我又从意想不到的途径,听到了关于杨宪益先生的一些消息。在人民公园,有一位年逾古稀的孙姓老太太,她在一次晨练时偶然看到我在自学英语,过几天就悄悄借给了我几本原版书籍,其中包括萨克雷的《名利场》,托尔斯泰的《战争与和平》。(如果我没搞错的话,她的名字应该是孙可琼,因为书的扉页上有"孙可琼购于上海"几个字,可能是她当年购买时随笔记下。)

不多久,我们也自然而然地谈到了杨先生的中国文学翻译。孙老太太让我大吃一惊,说她曾与杨先生在重庆北碚国立编译馆共事过。

她更主动提议,说要为我这个"好小人"给杨先生写封推荐信,希望他能在百忙中给我一些帮助。对于我来说,杨先生简直是奥林匹斯山上的人物,我几乎不能相信自己的运气。

在尼克松总统访华后,英语学习不再是那么政治不正确了,孙老太太说,写这样一封信应该没有什么风险。

信她写了,给我看了,也寄了出去。只是,后来却一直没听她说起有任何回音,我也不好意思问。

在"文革"后恢复的第一届高考中,我考进了华东师大英语系。翌年,又越级考上了中国社会科学院研究生院,师从卞之琳先生攻读西方现代主义诗歌。与此同时,在卞先生的鼓励下,自己也开始写诗、译诗。那时候可谓年少气盛,更不知天高地厚。到北京不久,就借着孙老太太写过推荐信的由头,拿了自己发表在《诗刊》上的几首诗,附上英译,去外文出版社《中国文学》编辑部,自报山门地拜访了杨先生。

现在回想起来还感到惊讶。尽管杨先生那天对我说,想不起曾收到过孙老太太的那封信。不过,他还是在办公室里把我英译稿读了一遍,更当着苏格兰专家白霞的面加以夸奖,说我的英译几乎能在《中国文学》上直接发表了,不需要走刊物的寻常编辑流程。

《中国文学》当时是中国唯一一本向外介绍现当代中国文学的刊物,设有一位专职中文编辑,首先得由他从国内刊物上选定政治正确的作品,然后由几个英文编辑翻译,最后再由担任主编的杨先生或其他外国专家修改、润色后发表。他居然能这样评价我的译文,真让我受宠若惊了。

后来我有好几首诗,还有一篇报道1986年在洛杉矶举行的中美作家会议的英文稿,都因杨先生的坚持,直接发了出来。读研究生的日子难免手头拮据,《中国文学》的稿酬不无小补,也更鼓舞了我用英文写作的自信心。(许多年以后,我在圣路易华盛顿大学的博士生导师何谷理教授曾说起,他最早就是在《中国文学》上读到我的名字,在我获福特基金后联系学校的过程中,因此第一个回信表示欢迎;接着他更网开一面,把我所修的创意写作课都算进了比较文学博士课程的学分。)

那些在北京读研的日子里,我自然不会偶尔跑一两次杨先生的办公室,便感到心满意足。他当时住百万庄外文出版社的办公楼后面,有时我在编辑部没找到他,就下楼穿后门直奔他住所,也不打电话预约一下。

但杨先生好像一点都不在意。他家里时不时也有其他客人,于是就招呼坐下来一起聊。白霞当时正与外文社的一位德文专家在谈论婚嫁,经常过来串门;多年后在伦敦重逢的汉学家Johnathan Mirsky是那里另一位常客,据他自己说有一次喝得晚了,稀里糊涂倒头就睡在沙发上,夜半醒来,听到不远处戴先生鼾声如雷。"座上客常满,杯中酒不空"。杨先生夫妇两口子都善饮,每每以酒代茶,海阔天空。在这一些当时只道是寻常的闲聊中,我也醺醺然了,尽管我一直都未能学会饮酒。

还记得墙上有张放大了的杨先生照片,戴先生开玩笑说是"茅山老道"。这或许指其(隐)士大夫的风骨。在我的心目中,杨先生现在也多少像是从茅山上,而不是奥林匹斯山上走了下来。

1981年,我从中国社科院研究生院毕业。杨先生兴冲冲对我提议,要我去《中国文学》编辑部工作。为了说服我家里同意,他还亲自给我在上海的妹妹打了好几通长途电话。只是,后来却因为种种怎样都解释不清楚,像卡夫卡在《城堡》中所写的荒谬过程,我还是被一路分配回了上海社科院文学研究所。

不过,杨先生的这份情我是欠下了,我十分清楚,纵然不知道以后怎样才能还。这里不仅仅有他个人对我的知遇之恩,杨先生其实是由衷希望我能与他一起工作,更多地向国外翻译介绍中国的文学作品。这是他早年从牛津毅然归来,始终抱定的"宗旨"。

回上海工作后的那几年,每次去北京出差,我都会去看他。我当时在翻译艾略特、叶芝等现代主义诗人的作品,有新书出版,也会带过去。或许因为不是中译英,或许因为我最终未能到外文出版社与他一起工作,他没太多说什么。

1988年,我要去美国做一年福特访问学者,行前去北京出差,顺便给杨先生辞行。我带了几首与国梁兄前一阵子同去温州采访时写的诗,附上英译,再加两瓶国产的皇朝葡萄酒。杨先生在门口接下酒,眼中似有狡黠的一闪,戴先生在一旁咕哝着什么。

那天,杨先生在客厅里读了那几首颇有主旋律意味的诗,笑呵呵地说,"至少你的文字还不算拖泥带水。"想起来,这恐怕是他关于我写作仅有的一次批评。我没告诉他,到了国外还有一个计划,准备开始翻译一些中国古典诗词。

翌年夏天,我突然想起杨先生,往他家里打过去一个电话。他不在,戴先生接电话说,"他很好,出去散步了。请放心。"

在随后的日子里,我有很长的一段时间没有回国。也一直没有杨先生的任何消息,像一夜间突然消失了似的,像唐诗中所写的那样,"露重飞难进,风多响易沉。"

英语中有一句成语,"没消息就是好消息"。我也只能试着如此安慰自己。只是远远地还时不时会想起杨先生。

一直要到本世纪初,才辗转联系上在香港中文大学的白霞,从她那里得到消息,说杨先生患癌症住进了医院。那一夜,我想到了叶芝的《1916年复活节》。因为我想到杨先生为中国文学作出的贡献、承受的牺牲,也因为我感到自己无能为力,只能念杨先生的名字,在遥远的祷告中,像在叶芝的诗中那样。

下一次回国,我立刻就联系了杨先生的女儿,问是不是方便去医院看他。据他女儿说,现在来看他的人寥寥无几,故人老去,他挺寂寞的。我去看他,只要时间不太长,应该不会影响他治疗——也可以带烟酒去,他的日子或许不多了,喜欢怎样就怎样吧。她还加了一句说,"他也看过你的英语小说,挺喜欢的。"

杨先生生性豁达,这些年的鸡虫得失,他或许根本都没计较过。只是,看到他躺在一家甚至都缺乏专科医疗条件的医院里,我和那天同去的查理,杨先生的另一个忠实美国读者,都不知道说什么了。关于他自己的情况,杨先生其实只是轻描淡写几句,波澜不惊。我倒是预先排练过,说早先受他影响翻译的一些古典诗词,后来在英文小说中引用了,国外读者反响还不错,现在正准备结集出版。他反而宽慰我说,能用英文写中国的小说也好,不一定非要从事翻译不可。他还赠送了我几本新作,签了名。

后来还有几次去看杨先生,因为他身体的关系,不愿他讲话太多,大多是我在汇报自己的工作学习情况,也带去新出版的陈探长小说。当然也带上烟和酒。最后一次去看他,是在他小金丝胡同的家里。那天他午睡刚醒,身体明显衰弱了,得由人搀扶着慢慢地在对面坐下。可他立刻还是笑嘻嘻地说,"中华,又可以抽好烟了。"在这刹那,他眼中似乎又掠过狡黠的一闪,就像多年前去他家辞行的那一天。

回到此刻,回到老书虫书店活动的现场,一位年轻的女播音员用中文声情并茂地读着,接着这场活动的英文主持人再用他浑厚的嗓音读:"我们知道他们的梦,知道/他们曾梦过,死了,就够了;/就算过多的爱在他们生前/让他们困惑,那又怎样?……/现在,或是在将来时间;/那所有披上绿色的地方,/都变了,都已彻底变了:/一种可怕的美已经诞生。"

不管叶芝怎么感叹自己文字无力,却是用他的诗句写下了真正的不朽,远在这异国的语言中,在这许多年后,仍在读者的心里激起反响。

我写不出这样的诗。

但这一刻,我却突然明白了,在获悉杨先生患病的那个晚上,为什么会想到叶芝的《1916年复活节》。接着想到外文出版社的那份电子邮件,觉得至少可以把那本古典诗词的英译稿好好修订一番,尽力争取不负杨先生当年的厚望。这也是我的本分吧。

郑　重

三十六年前的细节
——补记顾颉刚先生

历史学家顾颉刚逝世之际,我写了《当他远行的时候》为他送行,刊登在1981年1月7日的《文汇报》。

看望顾颉刚先生,已经是三十六年前的事了。那一次去看他,不是访问,访问前我是要做许多准备工作的,那次只是受朋友之托临时的看望,所以毫无准备。说实在的,顾先生也是我在计划中要访问的学者,想和他谈疑古的问题,他曾经说过:"欲清扫战国而下之蔀障,以恢复古代史实之真面目。"当时也听到老一辈的人说过,他们当年读书的时候都知道,顾先生对商周以前的历史表示怀疑,有很流行的名言:"大禹是一条虫。"还是在"文革"期间,我对中国的考古已有浓厚的兴趣,跑了一些考古发掘现场,夏之前的文化就引起了议论。我就想了解一下,对众多考古成果的出现,不知道顾先生的史学观念有什么变化。上个世纪六十年代,我虽然买到顾先生的《史林杂识》,但他的其他著作没有读过,所以并不敢贸然采访他。

1980年11月24日,我去看望的当天晚上,顾先生就住进医院，从此没有出来，直到他病逝。顾先生是因为感冒发烧住进医院，经过治疗，病情有所好转，在病房里还能做些研究，后来突发脑溢血而病逝。顾先生病逝，我很伤感，就写了《当他远行的时候——记著名历史学家顾颉刚》刊之报端。因为是新闻通讯，不可能像副刊文章写出许多细节。三十六年的时光流逝，这些细节并没有忘记，流动在我的脑海里或在日记中，现在还是抑不住地要溢出来，流在纸上。

那年冬天，北京的雪下得很大，我在白石桥卫星研究院采访，每天的采访都作了安排，11月24日趁着没有采访任务，我去了顾先生南沙沟寓所。当年俞平伯、钱锺书等著名学者都住在这里。我已经去过俞先生家多次，对这里的房子并不陌生。顾先生家的客厅也不小，我走进客厅，顾先生的夫人张静秋忙里忙外在收拾。顾先生在书房里，书房的门是关着的。我在客厅等待，看到商承祚写的一副金文对联，不懂金文，我不知道对联的内容。看书房的门，只见门上贴着会客时间不超过五分钟的条子。我知道这是提醒来访者要自觉遵守时间，也是夫人用来保护顾先生的武器，我担心自己会被这武器打中。书房门开了，我走了进去，我又看到墙上贴着和书房门上内容相同的字条"五分钟"，这应该是对顾先生的提醒了。

顾先生把我带去的那幅《松鹤图》展开在书桌上，很有兴趣地看着，喃喃地说着我和他们都是老朋友了。解放之初，顾先生在上海办大中国图书局，出版教育挂图和史地小丛书。顾先生爱才，把初到上海的刘旦宅聘用到书局画教育挂图，承名世担任史地小丛书的编辑。顾先生所说的老朋友，应该是这一段历史。顾先生说罢又把承名世的信看了一遍,信上写着笔者爱好书画,顾先生就要笔者磨墨,准备给笔者写一幅字。我刚要磨墨,顾夫人走了进来,对顾先生说你身体不好,还写什么字,转而对我下了逐客令:超过了会客时间,你该走了。

看看顾先生的表情,他示意要我留下;再说像我这样当记者的人,怎么会轻易就被赶走呢。我继续站在书桌边,这样可以和顾先生聊天,也可以看到铺展在书桌上的稿纸写的内容。在顾先生的书房里听到的和看到的,基本上都写进这篇新闻通讯了。

当时我就想,这也许是对顾先生采访的开始,需要和他有感情上的沟通与亲近,就对他说:你很早就是我们《文汇报》的作者了,我在1946年《文汇报》副刊《史地周刊》上读到过《宝树园杂记》。他说:那是应王伯祥之约写的。徐铸成很开明,学术副刊都是请报社之外的学者主编。我这时也壮起胆子向他提出疑古的问题,"大禹是条虫是怎么一回事?"他说:"那是鲁迅给我戴的帽子,从此许多人就一叶障目,封我为疑古派,其实那只是研究中的一片叶子,不是主干,你以后看了我的文章就清楚了。"刚说到这里,他的夫人又第三次走了进来,说:好啦,以后再谈吧。

回到客厅,我并没有立即离开,和顾夫人攀谈着。她是徐州人,和我的口音一样,也许她感到是一种乡音吧,对我并没有拒绝。这时我认识了顾先生的女儿顾潮、顾洪,还有顾湲,她在内蒙古插队还没回城。顾潮介绍我认识她们的大姐,是顾先生和前夫人生的女儿,一直和他们生活在一起。在这天的日记中我还写了一句"采访最麻烦的就是遇到秘书和夫人"。

顾先生逝世之后,我就着手搜集他的资料,去北京时我也会到他家去看看，顾夫人也向我谈了一些顾先生前夫人病逝之后，他们在重庆结婚的事。顾潮、顾洪对我很热情。这时顾洪还是顾先生的研究生，她带我去干面胡同的老宅子看顾先生的藏书。顾洪向我介绍，这座四合院是晚清军机大臣李鸿藻的住宅，他们一家住宽大正房，两侧住的是高士其和贺昌群，张政烺住在后面。后来，我在北京大学和张政烺先生谈过考古问题。顾先生藏书就像一个图书馆，线装书较多，顾洪说没有什么特别珍贵的宋刊孤本，都是常用的。顾洪就住在这里，我曾多次来这里，看了顾先生的一些手稿和一部分日记。除了顾潮、顾洪的帮助，顾先生的助手王湜华也帮助复印了许多资料。那时还在大学读书的我的女儿，有时跟着跑来跑去，她居然写了一篇《寻找顾颉刚》的文章，刊发在《文汇读书周报》。

读了顾先生《古史辨》二集的《自序》，我才了解他的疑古史学的来历。他说：

> 最使我惆怅的，是有许多人只记得我的"禹为动物，出于九鼎"的话，称赞我的人就用这句话来称赞我，讥笑我的人也就用这句话来讥笑我；似乎我辩论古史只提出了这一个问题，而这个问题是已经给我这样地解决了的。其实，这个假设，我早已自己放弃。就是不放弃，也是我辩论的支叶而不是本干；这一说的成立与否和我的辩论的本干是没有什么关系的。

顾颉刚"古史是层累地造成的"学术假设，深得他的老师胡适的赞许："颉刚现在拿了一把更大的斧头，胆子更大了，一劈劈到禹，把禹以前的古帝王（连尧舜）都送上封神台了！"并称《古史辨》"是中国史学界的一部革命的书"。几年之后，胡适对顾颉刚说："现在我的思想变了，我不疑古了，要信古了！"

经过这样的学术思想梳理，胡适的学术思想在变，顾颉刚的学术思想也在变，我逐渐地明确了要为顾颉刚写一本学术评传，主要讲他的学术思想是如何衍变的。我花了不少时间读他的著作，搜集他的资料，访问他的学生谭其骧、杨向奎和徐中舒。直到1990年，我买到马来西亚学者郑良树编著的《顾颉刚学术年谱简编》，并在扉页上写了这样一段话："1990年10月中，由蜀入京，忽心血来潮，妄想作顾颉刚先生文学传，随去三里河南沙沟拜访女公子顾潮，又去干面胡同旧居访问女次公子顾洪。23日又去社科院观看颉刚先生藏书，数代书香集于一室，以作颉刚先生传之开端，空口无凭，立此存照也。10月23日晚于东便门灯下。"东便门即文汇报驻京办事处所在地。后来读了李学勤著《走出疑古时代》，仍然是以顾颉刚为疑古派的代表人物，更感到写顾先生学术思想衍变这本书的必要了。

白首灯下，伏案已经积累的一些资料，我在问自己：为什么没有写出这本书呢？说不出原因，心中有些愧疚，也无法回答。

韩天衡

幽默　仁心　才情
——忆程十发先生

程十发(髪)先生，原名程潼，上世纪四十年代在上海美专读书时，老师李仲乾为其取字"十发"。今人取名常常都往伟大里叫，过去人取名则谦抑得多。"十发"的"发"，并非是"发财"之"发"，而是"头发"的"发"，在计量单位里面"一程十发"，"发"是一个眯眯小的计量单位。

我七十年代即呼程十发为"发老"。"发"字在上海话里的发音与"弗"相合，"发老"即为"弗老"，永远不老。后来，敬重他的晚辈、后人，也都称呼他"发老"了。

自1972年相识，直至2007年发老过世，35年间，我们有着不寻常的情谊。1984年，发老出任中国画院院长，我任副院长，彼此之间接触更多。尤其在他晚年，我经常赴程宅汇报工作，听他的指示，彼此更见坦诚、信任和亲近。

我始终认为程十发先生是一个天才式的艺术家，在艺术上的成就世所公认；而在生活中，发老的幽默知者无多，却让亲历者很难忘怀。

发老的幽默，是与生俱来的。即使在"文革"前及"文革"中犯了"错误"，以至于被开除了党籍，削减了工资甚至遭到密集批斗，他依旧有着乐观心态。全家五六口人仅靠他一份工资维持日常开销，除去房租30多元，每个月能家用的也就40元，生活之清贫与艰苦可想而知。问他："发老，今天吃点啥啊？"他总是调侃地说："我家里吃得好！四川菜、广东汤。"所谓"四川菜"，上海话谐音为"水汆菜"，即过水汆一下的蔬菜；而"广东汤"，上海话谐音为"晃荡汤"，即似清水般的汤，喝下后在肚中晃荡晃荡响。记得有一次我去探望他，他刚从医院回来。因为胆囊萎缩，做检查时，医生问他："你怎么胆没有了？"发老回答："我的胆，'文化大革命'的时候就没了。"医生给出建议："发老，你还是要做个手术，拿掉比较好。"发老说："这可是父母给我的，是原装货，不能调包。"那么多年里，他一直用幽默消解着种种不幸和噩运。

发老的幽默，是信手拈来的。1987年，由发老带队，整个画院的中青年画师，前往苏州西山为市总工会疗养院画公益性布置画。当时没有高铁，也没有高速，在上海租了一辆大客车，开到苏州约莫四个小时。发老从来不端架子，与年轻人在一起，更是谈笑风生。当时的行车路线经过苏州北，刚进城里，沿路有个塔——"北寺塔"，苏州话的发音为"不是塔"，发老便向车上的年轻人编了个笑话："过去清代有个官员，是北方人，上任到苏州当知府。前来恭迎他的下属是苏州人，知府的轿子进了苏州，问此人'这是什么塔'，此人说'不是塔'。知府说：'明明是个塔，你怎么讲它不是塔？'当差的说：'老爷，是"不是塔"。'知府听罢，对当面说'谎'的当差气不打一处来，就叫差役将此人拖下去狠打三十大板，再听候发落。"这是巧用方言编排的故事。车子开出没多远,偶遇一个化肥厂,高耸的烟囱喷着黑烟,像一条乌龙直冲云霄。发老道:"那么多黑烟浪费可惜了。如果我有权,就把上海墨厂搬到它边上来,正好化一害为两利。"苏州的沧浪亭是非常有名的一座古园林,当时旅游业刚兴起,本来非常低廉的门票随之飙升。沧浪亭上挂着一副老对联,"清风明月本无价,近水远山皆有情"。发老一瞥,讲:"这个对联换一个字就有趣了,叫'清风明月本有价,近水远山皆无情。'"机敏而深刻。半天的时光,撒满旅途的一连串诙谐谈吐,对发老而言只是顺流而下的江河中的几朵浪花。也正缘于此,一些著名的主持人、滑稽演员,几十年常围着发老转,不单是想吃"开心果",还想从发老处汲取各类有意思的语言艺术的材料。

发老的幽默,无处不在。一次,我与发老及其公子多多应邀在老正兴饭馆作画。可画完后,才发现多多兄没带图章,碰巧压画的镇纸是青田石,发老说:"天衡啊,这个对你来讲是囊中探物,当场撬一方吧。"当时没有刻刀,我便叫经理找根大的铁钉——我曾用大铁钉刻过印。经理说:"饭店哪有这玩意,剪刀倒是有的。"随即从厨房里拿来一把锋利的大剪刀。剪刀刻图章,我还从未尝试过。剪刀两面利刃,一面刃口刻章,另一面的刃口就对着手指,发力非常困难,稍不当心,就会肉绽血淌。好在还挺顺当,用了三分钟,刻成"程多多"的名章。刻章过程中,多多兄还拍了照片。后来,照片给我时,发老在背后写了六个字:"天下第一撬客"。

很多平凡的事情到发老那里就横生情趣。五十多岁时,我遥想起儿时,因出生多日不睁眼,在相士的开示下,母亲曾带我去城隍庙拜"将军剑菩萨"做干爹。后因"文革"除四旧,"干爹"被砸烂,找不着了。于是我恳请发老给我画个干爹。他问:"侬那个干爹我弗认得的,长什么样子呢?"我说:"我这个'干爹'是三只眼睛的,但不是二郎神杨戬,是三只眼的菩萨。"后来过了两个星期,发老讲:"你干爹画好了。"一看,可真是神似啊。发老还为此题跋:"甲戌元日,阴阳怪气生为豆庐主人祈福,急急如令,勅。"另一侧又落"十发"款。我总算和菩萨干爹可以朝日相见了。

我的斋号"豆庐",是在发老的及时提醒下改换的。他和我之间从不设防,侃世道、论艺事,两心相知。七十年代初,我希望在书法篆刻方面能摸索前行,且对当时背离民心的"文革"路线产生了疑惑,要投石问路,就给自己起了个斋号"投路室",为此还刻了章。发老见了,真挚地告诫我,"你好大的胆子!我是吃过苦头的。有毛主席的革命路线在,你还去投路?你投什么路?如果是我取这斋号,肯定要被斗死了啊!我劝你,不要用这个字号。"随后发老脱口而出,叫"豆庐"吧,上海话谐音正是"投路"。意思还在,但又不会给别人揪辫子。这个斋号我一直沿用到现在。

说起"豆庐",不得不提《豆庐山房图》。1980年大年初一,我收到了一封挂号信,写的是延庆路141号张寄,字是发老的笔迹。打开,里面是一张山水画,画上发老有题句,大意是:天衡一家三代五口,住十平方的房子,我也没有能力给他解决,就学古人文徵明,书斋筑造在宣纸上,赠此《豆庐山房图》,聊表心意。此作构思精巧,色彩、笔墨都别具匠心。这是我一生中最不能忘怀的春节。可惜,我与此图终究是缘浅。1994年,发老要开画展,我将《豆庐山房图》等佳作借展。然,天有不测风云,在展览的第二天,小偷由美术馆的天窗上进入展厅。蹊跷的是,小偷居然能避开监控探头,卸下镜框,窃走了《豆庐山房图》。

　　发老一贯慈爱为怀，胸襟博大。一次他家来了一位外地老干部的女儿，拿出一张发老前次送给她爸的画："我爸说这张画是假的。"对此，发老不愠不恼，还和颜悦色地讲："好好好，今天这样，我当场画一张。照相机带了没有？好。我当场画，你当场拍。回去也好给你父亲交代，这张绝对是真的。"发老边画，她边拍照片。画还没干，来人就拿两张报纸将画一卷，道了声谢谢，走人。有回在香港，一位朋友拿了张署名发老的画给他鉴定。画是假的。发老还没开口，朋友说："这张画是某某看中了我的名牌照相机，拿来换的。"那个以画换照相机的也是发老的朋友，若讲这张画是假，定会闹出风波。于是发老说："这张画蛮好蛮好。"这位朋友随即跟进，"既然蛮好，我也确实喜欢，请您在上面再给题几句。"发老一双手拉好两个朋友，宁可不打假甚至认假为真，只为了不伤害朋友之间的感情。

　　发老对后辈素来提携和奖掖。1986年，我办个人画展，发老为此写过一篇文章《前浪与后浪》刊于《文汇报》上。文中，他写了四个不及我——用功不及我、见识不及我、处世不及我、虚心不及我。这似乎幽默得有些"黑"，但最后，发老也谈到我年轻，在作品上还可以去掉一点火气。谦逊的自贬和对晚辈的拔高，全在催我奋进。这也是发老为年轻人写的不多的一篇文章。

　　发老也是一位心里揣着大爱的有情有义的艺术家。他担任画院院长期间，为职工的住房改善问题是费尽心思，不惜卖画换房。当时画院困难户至少有十几家。画院作为文化局下属单位，房源也确实紧张，僧多粥少，分到画院至多一套，也解决不了几十号职工的房荒。当时发老居家也不宽敞,但他还是默默地画了大大小小30张画,包括丈二匹的作品,都是精心之作。他跟我讲:"天衡啊,我画了30张画,看看有啥人要,换一笔铜钿,解决一下画院职工的住房困难。"八十年代后期、九十年代初期,画的价位还没有飞涨,一位海外的藏家出了60万就将这些画买了去。发老拿这60万,叫画院的办公室人员去买了十来套房子,对住房困难户采取置换调整的方法,解决了画院十多户家庭的住房困难。而发老"施德与人不记",对此事一直不事张扬。

对于艺术,发老始终有着顽强的探索求新精神,是一位通才艺术家。

程师母张金绮,是发老在上海美专的同学,同为王个簃的学生。在学校时,程师母是王先生最喜欢的弟子,叫她学吴昌硕,她绝对不越雷池半步。与此相反,程十发先生却一直挨批评,他向来指东向西,无拘无束,我行我素。看看发老历来的画,哪有一丝吴昌硕、王个簃的影子?艺术,就形式而言,往往是"顺古者亡,逆古者昌"。发老生来就有一种独立之精神、自由之思想、个性之飚发,他不是把创新当口号叫,而是始终走在一条自讨苦吃、自得其乐、推陈出新的崎岖路上。其实,他对前贤的传统十分重视,且相当深入。六十年代初,拍过一部任伯年的纪录片,具体示范的代笔人就是发老。试想,如果发老对任伯年的绘画没有那么到位的研究,是无法在摄影机前自如逼真地再现任伯年的画技的。

程十发先生经常讲:谁不学王羲之,我就投他一票。这并不是否定王羲之,而是他认为王羲之不能没有,但只要有一个,重现就是复制,复制必无价值。在七十年代初中期,程十发先生叫我刻过一方印:"古今中外法",即是心志的表白。他的绘画,不是一味地流连于一家一派,而是吸收、消化古今中外的先进理念、表现手法,以丰富自己。所以程十发先生的绘画不是沉溺在古人的笔墨、技法里讨生活,而是将之化为自己的精气神,有很多的自创。例如,发老画人物,或面部或身段,往往不是按传统的常规先用线条勾轮廓再敷色,他的很多人物画,脸部是不勾轮廓线的。画花卉,也是打破线与面的疆界,迷濛混沌——现实生活中,活体人物哪来凝固不变的轮廓线呢?这不过是光与目交合的影像。中国画的先贤们提炼出多变善化的人物十八描,正是一种中国式的智慧和发明。而发老一定是悟到此理而反向为之的,不能不说是超凡的突破性创举。他在画的用色上与其他画家也很不一样。发老跟我说过,他绘画色彩的斑斓,是受唐三彩启发。唐三彩釉色经过窑变,展现出来的丰富、奇幻、不可言喻的色彩为发老所借鉴,这也是别具匠心的画外求画。

发老是敬畏传统的,收藏了大量的历代名迹(后都捐给了国家);但他矢志求新,食古化今,笔下显示的是崭新、深邃、成熟的程派风格。

中国画创新,对一个艺术家来说,是极复杂的一揽子工程。若笔墨、若造型、若用水、若敷色、若谋篇……都得赋以大别于古人、他人、外人的独门功夫。即举笔墨一项为例,发老的笔墨粗细之变化,浓淡之离合,枯湿之调接,起伏之跌宕……那种由毛笔的颖、腰、根的巧妙提按与转换兼施,水与线、墨乃至块面的无痕交融,令其强烈搏击,又令其亲和拥抱。尺水兴波又静水流深,心源与造化的主客体的契化,做人真挚与调皮攻艺辩证为用……这种恣肆、诡谲、自在、清新的艺术表现力,依笔者的愚见,千载下,不二人,当是南宋巨匠梁楷后一人。有人说,赏作品如吃蛋,是不屑去看鸡生蛋的。而发老作画时的流程,则极具可看性、艺术性,是不看会心生遗憾和懊恼的那种。他作画十八般武艺并用,充满示范性、偶发性、戏剧性。发老作画如玩令人惊艳的"杂技",好艺的有心人看他完整地画一张画直至最后落款、钤印、收拾,会远比读一本美术教科书实惠管用得多。

发老的作品具有画不惊人死不休的奇诡跌宕特性,"文革"时期"四人帮"发起批"黑画",他因此被当作黑、野、乱、怪的典型代表,成为批判重点。1974年,在南京路上的美术馆举办声讨"黑画"的展览,其中数发老的"黑画"最多,至少近四十张。说实话,当时我去看"黑画",是带着欣赏的心去学习、领悟绘画之道的。展品中有发老一张用工笔却以写意笔墨表现的《芭蕉锦鸡图》,此作气势之宏大、格局之壮伟、笔墨之炫幻,令我越看越喜,暗暗赞叹不已。走出"黑画展",顶着酷日,我便去了发老家,开门见山说:"发老,我今天去看'黑画展'了,您的那张《芭蕉锦鸡图》让我感动。真是神来之笔!我在这张画前足足享受了十分钟。"发老听后,惊愕不已,说:"人家都在批判我,你还这样讲,不怕惹祸啊。"然后会心一笑。几十年里,神侃艺术,臧否绘事,我应算是他后生里的知音。

一个星期后,发老来封短信,让我有空去他家里。隔日,我去了。发老借租的一栋三层小楼里,住了好几户人家,都是美术系统的"革命群众",只有发老一人是墨墨黑的"黑画家"。夏天,因为要通风,门窗都开着,发老十分谨慎,踱到这扇门外张一张,又去那扇门外望一望,确定没人,便迅疾地从床席子下面拿出一封信,说:"这里面就是你那天'黑画展'上看到的,按那意思画的。你回去再打开看。"回到家里,我便迫不及待地打开观赏。画得真好,但总是没有"黑画展"上那张画彰显的肆无忌惮、目空一切的雄浑奇气。过了几天,我到发老家去,"发老,谢谢您啊,那张画画得非常好,但我总感觉'黑画展'里的那张更好。"发老说:"这张你先拿着,将来如果有一天,云开日出,那张画能发还给我的话,我还送给你。"1978年,发老终于得到平反,恢复了党籍,当时那批被批判的"黑画"也统统发还给他。发老毫不犹豫地将那些画作捐给了画院,唯独将那四尺整张《芭蕉锦鸡图》赠予了我。这前后两张《芭蕉锦鸡图》可是要"子子孙孙永宝之"的。

程十发先生做人胆小,攻艺胆壮,画画构思快、下笔快,落笔生春,常常有出人意表的独造。他的画特多那个时期的画家很少有的随心驰意,灵气迸发,富于浪漫气息。"文革"中,我曾请发老画过一张"世人皆醉我独醒"的《屈原》。国画不同于电视等动态表演,要以一个静态的画面表现时代背景、人物情绪、心理演绎,具有很大的挑战性。而他构思的屈原面朝向左,左边留白逼近宣纸边缘,有碰壁感。画上屈原立于一片崖石尽头,身后铺排的是渺茫空间,下方则是倒流的汨罗江水,巧妙地营造出屈原走投无路,准备用自己的生命来证明自身的清白和对国家的忠贞。其实,发老处理屈原的站位,就已将其报国无门的苦楚、悲凉、愤慨、绝望、殉国的心境表达得一览无遗,深刻呵深刻。我想这某种意义上何尝不是发老的自况,唯一不同的是,他是始终相信光明在前的程十发。

1993年程师母病逝,其后,又失爱女。这些对发老打击极大。从1994年开始,发老的画风发生了明显的改变,渐渐地"英雄迟暮"了。

程十发先生是一个为艺术而生的艺术家。对于吃、穿、住、行,他都不讲究。日常生活中,发老刮胡子,总有一寸多长稀稀拉拉的几根留在那里。哪怕是外出应酬的场合,他右手食指指甲的左沿总是留有墨痕。这些细节可以看到发老艺心纯粹。享乐也好,着装也好,打扮也好,表面的东西对他来讲都是无关紧要的,而追逐艺术,形成独特的个人风格,报效时代,则是一切的一切。

程十发先生以其孜孜不倦、不断进取的大跨度创新精神和风格,使自己成为二十世纪里天纵其才的国画家,论理念、思维、境界及笔下的山水、花鸟、人物、连环画,乃至书法、篆刻、论文、诗作,都具备排古排他的自我。程十发先生是二十世纪的艺术史乃至整个中国绘画史上,不可或缺、风貌独标、光芒万丈的一位,谈到海派绘画艺术,更是绕不过这位巨擘。历史这杆秤,有其永恒的精准、诚实和公正,相信随着时间的推移、审美的提高,出自"一程十发"的这个名字,必将显示出与其意思相反的伟大和高尚。

田洪敏

纪念H先生

半年前,我去看生病的H先生,闲坐喝茶聊天之后告辞,照旧是他太太送我到门口,我在换鞋的当儿,他太太说:"以后你不要叫我师母。"我弯着腰穿鞋,抬头问她,那么叫什么。伊道:"你就叫我W医生。"我一下子觉得亲近并且轻松了不少。因为从小不知道"喊人"挨了父母不少训诫,学乖了,家里来客人,我总要从里间出来,什么张叔叔李阿姨地跟着叫一气。后来到上海读书,发现上海并不完全遵循辈分论之,比如可以用"小明妈妈好"代替阿姨呀什么的,觉得颇能显出人与人之间通透的关系——若即若离到刚刚好可以称作大城市的那种人心。及至学习了一种小语种,可以用名字啊父称啊什么的加减法表示远近亲疏,更觉得基本摆脱了"称谓"带来的人生困惑。

我不敢称W医生是典型的上海女人,前后有那么多人自己或者被别人宣布是"海派",我没有必要呼吸这种无谓的硝烟。不过H先生在一定程度上代表了我年纪尚轻的时候对上海的想象:生活在自己的世界里,不懂得算计,对于世界新鲜的讯息怀有真切的幸福感。别人对他的好,他都当作是个体的真切的好;别人对他的坏,他只是当作模糊的坏,所以他欢喜人,也不厌倦世界。他对于世界的依恋都是对人的依靠。

在生病之后,H先生对太太的依靠达到了巅峰。护工和钟点工他都不喜欢,W医生申请提前退休全职照顾,她表现出了一个上海女子所有的快乐与隐忍,在"窗明几净"功夫之外也开始渐渐学会烧饭,不过H先生依然会抱怨说:你为什么不能放四分之一蒜瓣和一点点姜丝呢?春节的时候,她烫了新发型,蜷曲的头发正好搭在耳后,很有些俏皮的苍老。

在旧居里,H先生家有一套孔雀蓝色的沙发,我喜欢极了,我对孔雀蓝色简直没有任何抵抗力,不过见到的衣服或者围巾用这样的颜色的极少,所以对这套沙发印象深刻。H先生得意地说这是他自己去定做的,也没有用掉几个钱。去过一两次的旧居里,我基本上好像就是为了看这套孔雀蓝色沙发和茶几上那个捷克水晶糖果盘去了。见W医生楼上楼下擦拭已经极为干净的桌子,太阳下都是明亮的光影,我想我真是不配做女人,我自己的窝里面光线下只是使桌子上的灰尘愈加明显,所以我不怎么敢和她说话,H先生由着她上下擦洗,不过后来在生病之后,他对于W医生还是不肯放松一点点对于卫生的要求有些生气,反正生病的时间一下子闲下来了,所以也是闲气。

后来H先生搬了家,他们又换了一套水粉色丝绒的沙发,我也是喜欢得很,H先生照例说了一个让我咋舌的便宜价格。春上再去的时候换了一套颜色极为普通的沙发,问,W医生和H先生轮番补充了故事的细节,大体上是沙发套给借去当样品什么的,后来就有去无回了,他们联系过几次也无果,生气得很。不过也只能生气,想着生气也没用,后来就不生气了。我听了这个故事笑了半天。

那个时候生病的H先生还能开玩笑。每次去,他都刻意用普通话问我:最近好吧?音调好笑得很。刚刚生病的时候他拗着不肯显出疲态,冬天的时候还是穿着他那件"北欧的脸"的蓝色羽绒服,这件衣服我印象很深刻,他喜欢配咖啡色条绒裤子一起穿。W医生数落他不肯吃东西,先生瞪着大眼睛显得很无辜——既然不好吃,不想吃,为什么还要吃的那种表情。有时候他还是想念巧克力的,说看看也好。我不敢带巧克力过去,因为知道这是他必须告别的念想。去过几次,不知道带什么礼物好,后来为了偷懒就在花瓶和鲜花上来回捯饬。吃的东西H先生基本不需要别人建议,他带我们出去吃饭没有几次,我知道他的豪气:"记住,我从不让学生请我吃饭。"后来我就安心跟着混吃。刚刚调来上海工作的时候,他引着我到学校内的一个咖啡馆,有那种长桌子的地方,说不喜欢去办公室,也可以在这里看看书的,一共去过两次,后来这个咖啡馆也关掉了。

喜欢听他讲以前的故事,不过他讲普通话始终吃力些,其实我听沪语没有任何问题,毕竟读本科的时候漫天遍地都是沪语,说嘛,不好意思在上海人面前讲。H先生的英语倒是比普通话还好些。他用普通话给研究生讲解塞林格,人伏在桌子上,"北欧的脸"羽绒服衣袖都在擦桌子的感觉,好像要做这个动作表示"麦田守望"的笃定。"守住麦田"在城市里固不可得,守住一张桌子倒是可以的。唉,他的书房里那张桌子可真是漂亮啊,我憋着不问价格,因为知道H先生会报出一个极为得意的便宜价格。桌子上方是H先生母亲的照片,黑白照片,卷发女子,熠熠生辉的眼睛。其实，H先生眼睛是不太好的，看书只能趴在桌子上。前面或许是因为篆刻、书法影响了眼睛，后面是病情加重了眼疾。他的字有传闻很是值钱之类的，我接受过几次赠书，不过我也没有索要签名，坦率地说，并不觉得文字是自己生活的使命与归宿，所以我对这些也无所谓。

一个极为平常的傍晚，我和家里的小朋友在外面散步，他曾经将H先生家那个自从安装之后就再也没有响过的音响鼓捣出声音了。我说：H先生去世了。小朋友说我记得人家说他不好好吃饭的时候，他就瞪着大眼睛，好像很委屈的样子。我回应说，我记得一次他非常严肃地说成语"蝇营狗苟"，因为普通话不好，每个词音调拖得都太长，我笑了半天。后来我们继续散步，再也没有提起这个话题。

文字不是打开，而是遮蔽，所以这里的这个人是H先生。

李 娟

擅于到来的人和擅于离别的人

我妈是擅于到来的人。她出现在我面前的时候,总是伴随着坏天气和无数行李。

她冒雪而来,背后背一个大包,左右肩膀各挎一个大包,双手还各拎一只大包。像是一个被各种包劫持的人。

一见面,顾不上别的,她先从所有包的绑架中拼命脱身。气儿还没喘匀,就催着我和她去拿剩下的东西。我跟着她走到楼下,看到单元门外还有两倍之多的行李。

我妈为我带来的东西五花八门。其中最值得一提的是两根长棍。

准确地说,应该是两棵小松树的树干。笔直细长,粗的一端比网球略粗,细的一端比乒乓球略细。大约三米多长……

难以想象她是怎么把这两根树干带上班车的。

要知道,在当时,所有的班车都不允许在车顶上装货了。

放进下面的行李仓?也不可能。

放到坐椅中的过道里?更不可能。况且她还倒了三趟车。总之这是千古之谜。

她把这两根树干挂在我的阳台上方,然后……让我晾衣服……

她骄傲地说:"看!细吧?看!长吧?又长又细又直!我找了好久才找到这么好的木头!真是很少能见到这么好的,又长又细又直!……"——于是就给我带到阿勒泰了。

是的,她扛着这两根三米长的树干及一大堆行李,倒了三趟车。

没有候车室,没有火炉。她在省道线或国道线的路口等着。前不着村,后不着店。她守着她的行李站在茫茫风雪之中。

不知车什么时候来,也不知车会不会来。

头一天她也在同一个路口等了半天,又冷又饿,最后却被路过的老乡告之班车坏了,要停运一天……但第二天她仍站在老地方等待,心怀一线希望。

世界上最强烈的希望就是"一线希望"。

后来车来了。司机在白茫茫天地间顶着无边无际的风雪前行,突然看到前方路口的冰雪间有一大团黑乎乎的事物。据他的经验,应该有三到五个人在那里等车。

可是走到近前,却发现只有一个人和三到五个人的行李。

总之,她不辞辛苦给我带来了两根树干。

——它们又长又直又匀称,最难得的是,居然还那么细。她觉得这么好的东西完全能配得上城里人。却没想到城里人随便牵根铁丝就能晾衣服。

后来我搬家了。那两根木头实在没法带走,便留给了房东。不知为什么,当时一点也不觉得可惜。

又过去了好几年,搬了好几次家,最后打算辞职。我妈说:"你要是离开阿勒泰的话,一定记得把我的木头带回来。"……到那时,才突然间感到愧疚。

我告诉她早就没了。她伤心地说:"那么好的木头！那么直,那么长,关键是还那么细！你怎么舍得扔了！"

却丝毫不提当年把它们带到阿勒泰的艰辛。

那是2003年左右,我在阿勒泰上班,同时照料不能自理的外婆。工资六百块,两百块钱交房租费,两百块钱存到冬天交暖气费,剩下两百块钱是生活费。也就是说,日子过得相当紧巴。

我妈第一次来阿勒泰时,一进到我的出租屋,第一件事就是把所有房间的30瓦灯泡拧下来,统统换成她带来的15瓦的。

第二件事是帮我灭蟑螂。

那时我不敢杀生,后果便是整幢楼的邻居都跟着遭殃。

我妈烧了满满一壶开水,往暖气片后面猛浇。黑压压的蟑螂爆炸一般四面逃窜,更多的被沸水冲得满地都是。

接下来的行程内容是逛街。

乡下人难得进一次城,她列了长长的清单。然而什么都嫌贵。最后只买了些蔬菜。

菜哪儿没卖的？但是阿勒泰的菜比富蕴县的便宜。

还买了几株带根的花苗。

天寒地冻的,她担心中途倒车的时候花苗被冻坏,便将它们小心地塞进一个暖瓶里,轻轻旋上盖子。

她每次来阿勒泰顶多待一天。一天之内,她能干完十天的事情。

每次她走后,好像家里撤走了一支部队。

走之前,她把她买的宝贝花慷慨地分了我一支。

我家没有花盆,她拾回一只塑料油桶,剪开桶口,洗得干干净净。

又不知从哪儿挖了点土,把花种进去,放在我的窗台上。

因为油壶是透明的,她担心阳光直晒下土太烫了,对根不好,特意用我的一本书挡着。

她走后,只有这盆花和花背后的那本书见证了她曾到来。

而我,我最擅长离别。迄今为止,我圆满完成过各种各样的离别。

我送我妈离开,在客运站帮她买票,又帮她把行李放进班车的行李厢,并上车帮她找到座位。

最后的时间里,我俩一时无话可说,一同等待发车时间的到来。

那时,我想起来很久很久以前的另一场离别。旧时的伤心与无奈突然深刻涌上心头。

我好想开口提起那件事,我强烈渴望得知她当时的感受。

却无论如何都说不出一句话来。

此时此刻,彼此间突然无比陌生。甚至微微尴尬。

我又想,人是被时间磨损的吗?……不是的。人是被各种各样的离别磨损的。

这时,车发动了。我赶紧下车,又绕到车窗下冲她挥手。

就这样,又一场离别圆满结束了。最后的仪式是我目送这辆平凡的大巴车带走她。

然而,车刚驶出客运站就停了下来。高峰期堵车。

最后的仪式迟迟不能结束。我一直看着这辆车。我好恨它的平凡。

我看着它停了好久好久。有好几次强烈渴望走上前去,走到我妈窗下,踮起脚敲打车窗,让她看到我,然后和她再重新离别一次。

但终于没有。

辑三

迟子建

水银花开的夜晚

　　腊月到正月,在哈尔滨还是有花可看的,那是寒流之笔,描画在玻璃窗上的霜花。出了正月呢,即使飘雪的日子还有,但雪魂魄已失,落地即化,霜花也杳然无影了。你若想看花,只能去花店买南方运来的鲜花了。花儿是女儿身,经不起折腾,一路奔波令其花容失色,瓶中的"花娘娘"们,总有种"独在异乡为异客"的落寞感,不像本土应时而开的花儿,那么气韵饱满。

　　猫冬让北方人筋骨疲弱,所以当积雪消融,埋藏在雪下的枯草出狱似的,瑟瑟缩缩地出现在阳光下时,人们以为摸到春天的触角了,奔向户外的漫步者不在少数。寒风虽是强弩之末,但威力尚存,我不幸被击中,有一日傍晚从江畔回来,咳嗽流涕,身上阵阵发冷。

　　我便取放在玄关托盘上的体温计,想看看自己是否发烧。

　　我取体温计的时候,不慎将外壳的护帽朝下,这一竖不要紧,由于对接处咬合不严,护帽叛徒似的落地而逃,将体温计彻底出卖了,它随之坠落,摔成两截。

　　它这一跌,我家的黑夜亮了。

　　从玻璃管内径流溢而出的水银,魔术般地分裂成大大小小的珍珠状颗粒，像一带雪山巍峨地屹立在我面前。我先是拿来一块抹布擦拭，以为它们会像水滴一样，迅速被吸附，岂料它们欢欣鼓舞地一分二、二分三、三分四地遍撒银珠，泻地水银非但未少，反而如满天繁星，在白桦木地板上，朝我眨眼。它们近在咫尺，却仿佛远在天边，不可征服。

我少时数理化不灵光，对水银的了解，竟来自当时广为流传的一本小人书《一块银元》，主要情节围绕一块银元展开，写了穷人的苦，地主的恶，其中最让人惊悚的情节，是一个地主婆死了，她的儿子竟让一对童男童女为他老娘殉葬。他们给童男童女灌注了水银。故事浓墨重彩的是那个身世凄惨的童女，在出殡的行列中，她端坐在莲花上，手持一盏纱灯，双目圆睁，虽死犹生。她的亲人在路旁声声唤她，可她无法应答了。那个画面给我幼小的心灵，带来了浓重的阴影，恨地主，也恨水银。水银是毒蛇，它要了如花似玉的姑娘的命！

我们在日常生活中接触不到水银制品，除非是在镇卫生所。那时日子穷，谁家会拥有温度计和体温计呢！如果感冒发烧了，卫生所的护士会神气地甩一下体温计，将它夹在患者腋下。童年时我曾盼着感冒（因为父母会给感冒的孩子买山楂罐头吃），但却怕发烧，万一去卫生所测体温，体温计碎裂了，水银流入我体内，我成了僵死的人，那可怎么好？谁还能在爸爸喝醉时为他取一杯茶？谁还能在妈妈拆洗被褥时为她挑上满缸的水？谁还能在姐姐除夕夜不想吃饺子时，给她烙上两张糖饼？谁还能在弟弟闯祸挨打时，夺下爸爸手中的棍子，让他少受些皮肉之苦？除了亲人，还有那些可爱的动物让我难以割舍，谁能用破木梳给吃饱了的猪刷毛？谁能在黄昏时把游荡的鸡,及时赶回鸡笼?谁能给看家狗偷些它惦记着的人吃的食物?还有夏天时满沟满谷的野花谁去采?冬天时满院子的白雪谁来扫?

我那时感冒了,发烧了,抗拒去卫生所,骨子里是恐惧水银体温计。总觉得我的腋窝藏着火苗,会将爆竹似的它引爆。它灿烂了,我就黑暗了。体温计是恶魔,这在看过《一块银元》小人书的同学心中,根深蒂固。以至于我们憎恨一位班主任老师时,私下议论要是小人书中被灌注了水银的是她,而不是那个女孩,该有多好。好像我们真的掌握了水银,都会沦为施恶的地主婆的儿子。

这位班主任是我们的语文老师,她中等个,微胖,圆脸上生满雀斑,厚眼皮,眼睛不大,但很犀利。她不是本地人,住在学校的板夹泥宿舍里。因为没有食堂,她得自己弄吃的,所以我常在清晨去生产队的豆腐房买豆腐时遇见她。因为怕她,又因为豆腐房总是哈气缭绕,人在其中如在雾里,面目模糊,我假装没看见她,溜之乎也。

我们为什么怕这位老师呢?她严厉起来不可理喻。她有一杆长长的教鞭,别的老师的教鞭只在黑板上跳舞,她的教鞭常打在学生手上。期中期末考试总成绩不及格者,是她惯常教训的对象。她会让他们伸出手来,这时她的教鞭就是皮鞭了,抽向落后生。痛和屈辱,让被打的同学哇哇大哭。这种示众的效果,倒是让所有的学生不甘落后,刻苦学习了。但大家心底对她还是恨的,她头发浓密,梳着两条粗短的辫子,我们背地就说她带着两把锅刷;她脸上的雀斑,被我们说成耗子屎;她擦黑板上红红白白的字时,粉笔擦不慎碰着脸,成了大花脸,我们在底下偷着乐,没一个提示她的。

她管理班级严格到什么程度呢？要是教室的泥地清扫不净，值日生的苦役就来了，会被罚连续值日。最让我们难堪的是检查个人卫生，我们上课前她会手持碎砖头，高傲地站在门口，我们则像乞丐一样朝她伸出手去，如果我们的手皴了，或是指甲里藏污纳垢，她会扔给你一块碎砖头，让我们出去蹭掉手上的皴，抠出指甲里的泥，砖头在此时就成了肥皂了。如果春夏秋季，拿了砖头的学生会去溪边洗手（那时大兴安岭植被好，溪流遍布），冬天时只能用积雪清理了。我有一次也被检查出手上有皴，不允许我进教室，我一赌气，到了溪边，把她那堂课都消磨掉了。看山看水，看花看草，不亦乐乎。我面临的惩罚，可想而知了。

这位班主任老师看上去跋扈，但她业务好，很敬业，也有善心。有的同学家贫，她家访时会带上她买的作业本，她还帮助交不起学费的学生交费，并带我们进城，去照相馆拍合影。当然，她还常在我们下午该放学时，给我们加一小节课，讲那些经典的励志故事。如果是冬天，天黑得早，讲台就点起一根蜡烛。烛火跳跃着，忽明忽暗，她的脸也忽明忽暗，那也是她最美的时刻。她不用教鞭，脸上的雀斑看不见了，语气温柔，面目平和。

她离开我们小镇，似乎没有任何预兆。突然有一天，她要调到黑龙江东部的一个小城去，说是她恋人在那儿，是去结婚。这时我们才意识到她是一个女人，是个有人惦念的人。

她要离开了，按理说我们是奴隶得解放了，该同声庆祝的，可大家突然都很沮丧，因为她一点狠劲都没了。她带着偿还之意，将自己所用之物，分给常遭她鞭打的人，那多是家庭困难的同学，我听说的就有书本、衣物、脸盆。在她走前，有天我在小卖店碰见她，她还买了一双雨靴送我。从此后她离开的风雨时刻,穿着雨靴走在泥水纵横的小路上,总会想起她。而她带我们拍的合影,成了同学们最美的珍藏。我们不知她婚后过得怎样,她丈夫会像我们小镇的男人那样,爱打老婆吗?她为师还喜欢手执长教鞭吗?当我们班级的卫生越来越差,同学们随地吐痰,随手丢废纸,教室再也不是窗明几净时,爱清洁的女孩子就想念她;而当那些学习成绩差的学生,将书本视为无用之物而放任自流时,学生的家长就慨叹,要是她在就好啦,孩子就有人管了!

四十多年了,我没有她的任何消息,也极少想起她来。但水银泄地的这个夜晚,也过了半百之岁的我,却很热切地思念起她来。不知她是否还在她当年嫁过去的小城。按她的年龄,应是儿孙满堂,颐养天年了。

我不知当年的这位班主任老师的长辈,是否有出自旧学堂的。她的一些教育方式,私塾痕迹明显,教育为主,体罚为辅,在今天可能会遭到众口一词的谴责。但试想在上世纪七十年代一个荒僻的山镇,一个有抱负的教师,面对着一群天性顽劣的野孩子,她最直接有效的教书育人方式,也许就是恩威并施。她用教鞭打了那么多孩子,可没一个因之受伤,可见她心里是有轻重和尺度的;当她把砖头抛向你,让你蹭掉手上的皴时,尽管你满心不快,但至少让你从此后注意个人卫生,时常用温水泡手,让它们散发出我们那个年龄的手,本该有的鲜润光泽。

再回到体温计碎裂的那个夜晚吧。夜一点点地黑起来,我见抹布清理水银,起到的反而是推波助澜的作用,赶紧上网查询对付它们的办法。水银有毒,我先是敞开窗子通风,然后用笤帚将它们轻轻扫到撮子里，放到一个新打开的垃圾袋中，之后用纸巾擦拭余下的细碎的水银珠。每片纸巾罩住一两颗，将它们轻轻拈起，包饺子似地封住口，丢进垃圾袋，再取一片纸巾奔向另一处。我就这样朝圣似的趴在地上捉水银珠，足足用了半盒纸巾，直到我认为已把它们消灭殆尽。

我关了厅里的灯，打算回卧室休息一下。借着卧室的微光，我突然发现刚清理过的地板上，仍有水银珠一闪一闪的。我不相信，取了手电筒照向那里。呵呀，这分明是一个微观花园么，我发现了无数颗更加细小的水银珠粒，在白桦木地板的表面和缝隙，花儿一样绽放着。

这不死的花朵，实难相送，那就索性不送，我不相信就凭它们，会让我性命堪忧——将其当花来赏又如何！权当它们是腊梅的心，是芍药的眼，是丁香的小袄，是莲花的罗裙！

因为在黑夜面前，所有的花朵都是无辜的。

韩 秀

红 狐 狸

我至今记得十年前同它初次相遇的情景。

那是一个早春天气,我正在花坛边种霜草,拿着一把锋利的蓝波刀。听到邻居苏格兰猎犬疯狂地叫嚣,抬头看去,那只大狗终于在我们两家之间的电子篱笆前站定,不再疯狂追逐,只是继续恼怒地咆哮着。被它追赶的三团小小的火红几乎是跌进了我的后园的,其中特别小的一个站立不稳,从草坪上一直滚到了我的面前,离我手里寒光闪烁的蓝波刀只有几寸的距离。

两只非常年轻的红狐狸站在坡上,满脸惊恐。眼前的小狐狸好不容易爬起身来,一脸好奇地瞧着我,并不畏惧。毫无疑问,它还是baby,还不知江湖险恶。我安静地回望着小狐狸的父母,对小狐狸笑笑,放下蓝波刀,轻轻地为霜草培土……终于,小狐狸的父母放下心来,在我家大松树下堆积木柴的掩蔽处安营扎寨。于是,我常看到小狐狸在草坪上打滚,自得其乐,玩得很开心。它父母出门的时候,对门邻居家的老猫大黄会来到我的后园,抓两只花栗鼠,一只留给自己,另外一只放在草坪上。很快,小狐狸睡眼惺忪地出现了,见了花栗鼠,开心地追着自己的尾巴跑,然后大黄便同小狐狸一道用餐。

这样的好日子没有维持多久，东边近邻卖房子，新的屋主有一只很小、很肥、很懒的小狗，它连叫的兴趣都没有，但血管里却流淌着凶猛鬣狗的血液。尚未等我明白过来，红狐狸一家迅速地搬离了，踪影全无。

我想念那一抹鲜亮的红色，小狐狸天真可爱的笑脸，专注的眼神，胸前与尾巴尖的雪白……它们是否安全呢？我悬着心。没办法，搬走了就是搬走了。但是，也许会再来吧？我动着脑筋，首先必须把后园变成一个真正安全的所在，于是竖起了六英尺高的围篱。用木头围篱同高耸的鹿网将后园围了起来，鹿进不来了，松鼠、野兔、花栗鼠猖獗，常常把鲜艳的花朵咬断，它们并不吃，只是糟蹋而已。狐狸应该有办法进来吧，它们是非常聪明的。

在一个国际艺术节上，我甚至买了一幅加拿大摄影艺术家的作品，一头红狐狸正在奔跑中，潇洒、矫健，但它不是火红色的，皮色有着些微橙黄。聊胜于无，我把照片悬挂在餐厅墙上正对后园，也许能够召唤我的红狐狸"回家来"？外子Jeff是理性主义的信徒，对我的种种奇思妙想采取不支持也不反对的态度，脸上浮着宽容的微笑，随我折腾。

两年一晃而过。深秋时节，园丁马修带着他的人马来我家清扫落叶，临走时跟我说，"你家后园围篱同鹿网之间有Fox gate（狐狸进出的门户），我们没有动那两个地方。"

我惊喜得叫了起来："我有狐狸？！"马修微笑："毫无疑问。你若是看到它们，不要忘记给它们我的地址，我很欢迎它们来我家花园走动。"

怀着希望，日子就好过起来。一天，Jeff匆匆进门跟我说，"一只大狐狸正在街上追逐一只野兔,疾如狂风。"我急急询问狐狸的颜色,知道是一只灰色的大狐狸,便跟他说,"那是别人家的狐狸,不是我们的。"

入冬了,雪花飞扬,后园露台上积了寸把厚的白雪,花坛上的藜芦从白雪下面钻出头来姹紫嫣红,格外美丽。我坐在书房长窗前看书,时不时地张望着,欣赏着这"圣诞玫瑰"带来的喜气。

忽然,眼睛的余光看到一抹鲜亮的红色。我放下书本,轻手轻脚走向通往后园的玻璃门。隔着一层玻璃,一只健壮的红狐狸稳稳地站立在露台上。白雪继续飘飞着,在那几乎是闪烁着光亮的红色上瞬间消失。依然是专注的眼神,依然是微笑着的脸,失去了天真,却有了几分威严。我的小狐狸,你已经长得这么大,这么漂亮,这么威风了么?

我的泪水滚滚而下,举起手,向它打招呼。它凝神望着我,一动不动。楼梯上传来响动,我生怕惊动了狐狸,打断我们这么美好的重逢。好在手里端着一杯茶的Jeff见机得快,没有出声,只是放轻脚步走到我身边。

狐狸高高昂起头,迈出无比优雅的步子,极为庄重地走下露台,好像时装模特走伸展台一般,在后园里缓缓地兜了一圈,这才摇着尾巴,消失在工具小屋的背后。"这才是我们的红狐狸,它来巡视它的领地。"我跟Jeff说。他好半天才回过神来:"没想到,它这么漂亮……"

自此以后,我们常常见面。每一次,它都带给我许多的快乐和惊喜。

一个夏日清早,天蒙蒙亮,我走出家门到车道上拿报纸,红狐狸正站在我家门前甬道上，看到我，转身就走，却在街道中央停住脚。原来是一只肥硕的松鼠被车撞了，而且被辗过，一片血肉模糊。我飞快地打开车库门取出手套、纸袋，把松鼠的尸体放进纸袋，丢入环保箱。狐狸并没有离开，继续看着我，又低头嗅了嗅地上的血迹，脸色凝重。我一下子意识到，残血会引来苍蝇、虫子，很不卫生，赶紧再次冲进车库，拿出三角形橘色"停车"标识，竖在街道中央，挡住来往车辆，再飞奔到门前花圃拉过水龙头大力冲洗，直到地面上完全没有血迹为止。这时，红狐狸才满意地离去，曙光曦微，那一抹红色渐渐消失在横街后面的小树林中。一位正要上班去的邻人停下车来，帮我收起停车标识，疑疑惑惑地问我，"刚才是一头狐狸吗？它站在那里做什么？"我轻描淡写："松鼠被车子辗毙，地上一片狼藉，它表示关心而已。"邻人二话不说，开车离去。

夏天终于过去，又到了美东最美丽的秋季。客厅窗外的一株迷迭香因为阳光被高大的蝴蝶灌木挡住了，长得不是很好，我便把它挪到一个阳光充足的位置。刚刚移栽完工，转身回来准备填平它留下的那一个空洞，却发现不知何时，红狐狸来了，正在兴致勃勃地玩落叶。仔细看去，它似乎正在把落叶扫进那个洞里。我不明所以，但是却相信我的红狐狸做这件事绝对只是好玩而已，所以就没有去填那个空洞，任由它被落叶虚虚地盖住。

那一年的冬天酷寒、多雪。一场破纪录的暴风雪之后，我家车道上的积雪厚达二十七英寸。学校停课，政府关门，人人忙着自力救济。郡政府派出的铲雪车在大街小巷忙个不停，居民们全家上阵挥动雪铲努力将车道上的积雪铲向两侧，开出一条路来。人行道上的积雪也必须清除，方便人们遛狗……一时之间，平日寂静无声的街道上人声鼎沸,加上狗儿们兴奋的叫声与机器的轰鸣,真是热闹滚滚。

我同Jeff正在车道上铲雪,忽然之间周围安静了许多,听不到狗儿们的叫声了。我知道,必是狐狸出动了,于是倚着雪铲站定。果然,一道火红的闪电从南边的街巷中穿出,飞快来到大街上,闪过两辆铲雪车直奔我家而来,滑过积雪的草坪,在我家客厅窗前笔直扑进雪堆,积雪上只看到一小段白色的尾巴晃动。瞬间,红狐狸飞身而起,嘴上叼着一只冻得硬梆梆的肥大的野兔。它的动作连贯流畅,身体飞起来的时候,大尾巴还把那洞口扫平。百忙之中,甚至没有忘记给我一个怡然的微笑。之后,这道闪电急速向北边横街扑去,消失在白茫茫的小树林中。红狐狸离开了好一会儿,狗儿们才开始鸣猖起来。

啊,那个迷迭香留下的空洞原来是我家红狐狸的冰箱之一,是它为家小储存冬粮的所在。

"它怎么知道那厚厚的积雪下面有兔子?" Jeff满心疑惑。

"当然是它存放在那里的啊!一只有着迷迭香味道的兔子,多么可口啊。"我哈哈大笑。

"天哪,这只红狐狸早有储备……" Jeff惊疑不定。

去年夏天,管理草坪的公司例行撒过杀虫药、除莠剂,要求在第二天浇水,而且要浇得彻底。前庭后院都浇过之后,在围篱大门后一块狭长的地带,我用了一个直立的花洒,水珠如同帘幕飞向空中再洒向草坪,正午的阳光穿射进来,出现了一道绚丽的彩虹。我站在厨房窗前,喝着热茶,心情宁静,并且注意到我并非唯一的观众——山茱萸上有只大松鼠也在着迷地看着彩虹。忽然,那松鼠好像被雷击到一样,完全地僵硬了——毫无疑问,红狐狸到了。它迈着悠闲的步伐,由东向西,轻巧地走在草坪上,在水淋不到的地方站住脚,抬头看着美丽的彩虹,露出非常满意的神情。好一会儿之后,它才抬头看了看那只吓得已经几乎不敢呼吸的松鼠,笑了笑,跟我点个头,优哉游哉地走了出去。松鼠累得倒在树干上喘息不已……

事实上,上述这些都是很少发生的戏剧性场面,多半的时候,我们和它都处在一种闲适的状态中。我和红狐狸都渐渐地老了,我们都在调整着自己的速度,但是我们惦记着彼此,每次见面都传递着关心。我家的园子于它而言是安全的,是它可以放松心情的所在。那就很好。比如我在长窗前写贺卡,看到后院围篱前叶子金黄的杜鹃下,一团火红静静地停留在那里,就开心地笑了,久久地凝视着——那是我的红狐狸在那干燥温暖的所在、在初冬的暖阳下小睡片刻。睡醒了,它会万分优雅地抬起头,眯着眼睛,惬意地伸个懒腰,瞧了瞧在风中转个不停的郁金香,然后站起身来,睁大眼睛向我这边看过来,微笑着,摆出一个明星般的姿势,这才迈开它的舞步悄无声息地消失在它专用的小门边,没有忘记用蓬松的尾巴划个圆圈,表达"再见"的意思。

舒飞廉

甜 如 蜜

寒露、霜降、立冬、小雪、大雪,我们随着这一串节气名,像爬泰山十八盘似的,走进冰天雪地、池塘长出冰皮、屋檐挂起冰溜的严冬。农历十月十一月的乡村,寒风鸣条,万物枯瑟,茫茫大块,打霜印雪,大概只有趁着秋老虎的余威,撒下小麦种,长出麦苗,生成的大块麦田是绿的。男人女人们收拾罢田园,笼手负暄,冬春长假漫漫,被拘束在日历表中的学生工人羡慕不已,应该的。就是我这样散漫无稽的大学老师,也觉得是一年好景君须记,最是乡村下雪时,忍不住会开车回去打个酱油。雪假冬闲里,可以办一点"大事"。婚丧嫁娶,给小孩过生,给老人做寿,烟花成塔,鞭炮一筐,酒席数桌,好像有了一个WiFi的热点,一锅热粥煮沸,村中人一下子变稠,时间的流逝也变快了。老人们都愿意在冬天去,"举重"不愁找不到人?多听媳妇女婿驴子放屁哭几句?道士和尚多念一点经文?有人跟搬椅娃去草堆前晒太阳的老头子老太太开玩笑:"莫去晒,莫去晒,一个一个都晒得冇得了。"有道理的。

之前,大概三十年前吧,不兴这样的,大家农闲里,还会干活,如果不是被生产队与公社喊去挖土挑担修堤的话,女将们会纺线、织布、缝衣、做鞋，男将们会搞点副业，在我们村，是办糖坊。七八家合伙，一个村可以办二三个糖坊起来。十一月的冬天，领头的大师傅，比如说保明，会在自家的堂屋里砌灶、立缸、摆上案板，堆满柴禾。大铁锅里倒进热水，放上蒸笼之后，灶里的火舌会一直跳闪到腊月里，将保明家的堂屋弄得蒸汽腾腾，甜香微酸，成为本村冰雪寒冬里，最暖和的地方——这一点，师傅们明白，孩子们明白，村里的中华田园犬与白猫黑猫们也是明白的。糖坊开张后，师傅开始下料，将大麦泡进温水，生出麦芽，切碎与蒸好的粳米搅拌在一起，盛进大瓦缸里，在温热的房间里发酵，很快就会由缸底流出来鲜甜的汁液，被导管引向大铁锅里。等到铁锅中盛满了酿汁，就置火煎熬，直到酿汁中的水蒸发变少，慢慢在锅底出现明黄色的糖稀。糖稀达到一定的浓度，掌作的师傅就会叫来年轻力壮的小伙子，让他将糖稀缠在木棍上"扯糖"。此时多半是黎明时分，随着扯糖的小伙子的来回，糖稀会被反复扯到二三丈长，东方既白，屋顶打霜，糖饴的颜色也越变越白，最后是泛出和田玉一样的腻白，才算大功告成。抹上面粉，可以砰的一声下到案板上，切成糖块，由卖糖的人装进挑子里，扁担上挂着小秤、铁錾子铁锤子，清早出发，穿着军大衣，戴狗钻洞的棉帽，顶霜履雪，向西坐船过大㵐河，向东走金神庙桥过小㵐河，去发卖我们村又甜又白的好麦芽糖。我父亲就是卖糖师傅中的一个，好处是，早上他出门前，会留几块糖给我们上学前尝尝，有时候晚上回来，糖块没有卖完，也会分赐给我们兄妹四个。睡觉之前吃掉，梦也会甜？其实不用担心我们的牙齿，没卖完的次数总是有限，能分到的，钻石星星一般，如同孔乙己分给的茴香豆，就是意思意思罢了。

麦芽糖、饴糖再向前走一步，在糖块里和上黑芝麻白芝麻或者花生仁，切萝卜片似的，切成新月木梳一般的薄片，码好放进纸盒里，就是大名鼎鼎的孝感麻糖，朋兴乡的八军台、城隍潭都做这个，但我们村的男将们，好像还没有掌握这样高级的技艺，就像我们村的女将们织布的手艺，要在土棉布上织出花样来，她们也是万万做不到的。我们的麦芽糖，除了给上学的孩子、晒太阳的老人甜个嘴，最重要的功能，是为过年时"碾糖果"：腊月里，将大块的麦芽糖在铁锅里重新融化为糖稀，将炒好的炒米倒进锅里搅拌均匀，然后趁热用手团成圆圆的"糖果"，冷却后，就可以放到瓮缸里，等到过年，小孩们四处拜年，口袋里就会塞满这样的"战利品"。因为粳米、籼米、糯米的不同，再加上糖稀多少不一，各家"糖果"的味道也不会一样，最好的，当然是又大又"抛酥"又甜蜜，能预兆到新一年里的好运。后来兴起的大白兔奶糖，各种花花绿绿的纸片包裹起来的蔗糖块，甜则甜矣，它们出身于城市工厂，出身于冰凉机器，终究还是缺少我们自己做出来的"糖果"的热烈与喜庆，没有其中的巫术与仪式的感觉——因为关系到一年的运气，我父母每年做糖果时，都是紧张兮兮的。

稼穑作甘，我觉得开糖坊做饴糖这样的"手工业"，与金神庙的"抬故事"一样，传递的时间大概是成千上万年，我们由稻米里发现了"甜"，发现了"酒"，与人生的苦与乐关联起来。作为开糖坊的村子，我们与隔壁一些打铁、磨豆腐等的村子有一些不同。第一大概是泡桐树种得特别多，并不是像河南兰考的"焦桐"那样，为了防治风沙，而是因泡桐的树干笔直中空，是很好的导管，能将糖坊里的高高低低的缸连接起来，让糖稀循环流淌。所以村里少油桐、青桐，也不爱种梨枣桑树，四五月里，到处都是淡紫色的泡桐花苦苦的黏黏的香气。有时候，我自己都觉得"糖果"里，若有若无的有一点桐木的清香。因为需要大麦芽，初冬种小麦的同时，也会种一点大麦，这样四五月收大麦的时候，家长们就会炒一锅"哑巴粉"给孩子们吃，加一点砂糖，香香的，滑滑的，装在搪瓷缸子中，抓一把拍到嘴里，凶猛地胶裹住舌头，一下子很难说话，所以叫"哑巴粉"。再一个，就是村里的男将们嘴特别的"油"，能说会道，说荤话也是附近村里一流的，其原因大概也是因为在漫长的冬夜，在温暖的糖坊里，有的是时间切磋讨论。要是民间文学的工作者来采风的话，我们村男将的讲故事水平，恐怕会高出隔壁匡埠沉默地打铁的男将们一大截。还有一个福利是给小孩们的，因为做糖坊要烧掉大量的柴禾，所以他们会发动小孩子去割草、打柴，顺手给一点钱。我们放学后，常常背着筐去田埂上割茅草，去树林里折枯枝，论斤卖给糖坊。几毛钱不算多，但那时候《少年文艺》《故事会》，各种《三国演义》《西游记》之类的小人书，也就几毛钱啊，我总怀疑，我现在能写几个字换钱，就跟当年打柴禾卖给糖坊有关系。最后的福利，是给我们村的猪的。近年关了，母亲就会催父亲，去糖坊里挑两大桶"糖糟"回来，虽然米粒中的糖分大部分已经被麦芽哄走了，可是，比起糠麸野菜，糖糟还是要超出太多了。我们过年放鞭点炮，吃香喝辣，有鱼有肉，母亲的"几还债"的乖猪能够在猪屋里吃热腾腾、香喷喷、甜津津的糖糟，也算是与我们同乐，"咸与维新"，过了一个扎实的好年。

现在这样的"甜""热"的，有乡村田园朋克风的糖坊，自然是关张好久了。村里的男将们，在城市里找到了更赚钱的营生，修锁、装修、泥瓦匠、卖菜，做一点小生意，就是寒冬腊月，也不太爱窝在村里。

除此之外，大概"甜"也成了问题。从前一点"甜"，集中在春节前后，在舌头上炸开，奖赏给一年辛苦的耕读，那种感官的"革命"，令人觉得特别的珍贵。但现在"甜"已经是司空见惯了，很多麻烦就是由甜来的。开糖坊的保明已经去世很多年，他的病因是糖尿病。我父亲，从前的卖糖师傅，最近也在医院里查出了早期的糖尿病，进而成为微信养生的专家，每天都会娴熟地给自己注射"几点"胰岛素。人生之烟酒茶糖，他老人家已戒掉了烟、酒与糖，只余下年轻时并不爱的茶叶一项，到老年被发扬光大，什么乌龙茶、铁观音、金骏眉、生普洱、明前茶，为我与我弟弟供养，早已精益求精，难以哄骗，常常捧着保温杯，赞道："这茶好，苦得好！"对，这已经是一个甜过头，然后要回转"吃苦"的时代了。

那些我们自己办糖坊，在寒冬腊月里，在温暖的乳白蒸汽里，亲手为我们的新年，为我们的人生弄一点"甜头"的日子，可能已经一去不复返了。

鲍尔金娜

子不语三条杠

小时候,我还一直是个"小干部"呢。小学六年,从小队长一路干到三道杠,中间没休息。

我小学第一任班主任王老师是个高大白肤的年轻女人,教语文。她不喜欢也不擅长管束学生,发脾气的时候就喊两声,可因为缺乏刻薄语言,没多少恐吓力。恢复冷静后,她常精疲力竭地倚在讲桌旁,伤感地捏弄粉笔,向窗外望去。

我并不是班里学习最好的学生,但语文成绩好,个头又高,在一帮小孩中显得老成。我还发现自己大概有一种能力——紧张时嗓音会生出一种凝重的颤抖,总像要宣布什么重大科学发现,说话时其他小朋友很容易静下来听。王老师鼓励我参选班干部,我从此进入少儿政途。虽然跟选校花相比,学生干部选举缺乏捉摸不定的浪漫主义情调,但唱票时自有它鼓动人心的妙味。看见黑板上自己名字下面逐一增添的"正"字,还好那时候不爱笑,狂喜都捂在心里。

当上小干部后,我开始践行之前所向往的侠义精神。对付自习课在后排捣乱的男生,我很少记名,只把田字格本卷起来打他们脑袋,打完就完事,他们还挺受用地傻笑。只要不出大事,我在老师跟前的汇报永远是人头齐整,岁月静美。每当寒暑假回来,同学分期分批堵到我书桌前,请求延迟交暑假作业。他们中有的人和我关系很好,有的一般,但神情全都那么恳切凄惨,缩着肩膀从牙缝里发出嘶嘶的寒音,像困在暴风雨里的登山客。我于是咬牙去跟老师说自己还没写完作业(有时候是实话),撒着娇要求宽限。回屋时听到拍桌子的欢呼声,立刻对先前丢脸的表演感到释然。

午休时间,班里总有些吃多了碳水化合物的男生在走廊里用水枪打仗,顶风作案。被抓后,值周生就来找班级负责人。我便趁人不注意把值周生哄到走廊尽头,搂着肩膀谈判,保证等轮到我们班值周时,一定给对方班级的纪律和卫生额外加分,或者抓到违纪生时免费放人三次之类。我当时是还没看过《教父》,不然保不齐会压低嗓音,挤出双下巴说,"我会给你一个你不会拒绝的条件……"

有一次,班里一个顽皮女生在校门外地摊上偷了几张贺卡,被告到学校。王老师找学生家长谈话,进行得似乎很不顺利,因为事后我去办公室送作业,看见她一个人坐在窗下抽泣。那正是让人昏昏欲睡的下午,窗外蝉音四伏,像忽远忽近的电流声。办公桌上堆叠的卷纸被太阳烤出浓涩的墨味。王老师的脸颊按在手里,脖子因为充血而变成紫红,逆光给她弯曲的轮廓褙上水溶溶的金边,是一幅奇异的受难圣母图,我不知道怎么办。王老师听见我进屋,没有仓皇整理仪容,也不问我傻站着干嘛,依然把脸放在手里。我们俩就那么一站一坐,在慢慢逝去的阳光里一起待着。事后我觉得很感动。

我的第二个班主任是个不快乐的年轻男人,不喜欢孩子,也无法消化自己流落到小学当老师的命运。夏天里，他最喜欢的一种体罚是让我们在门窗关闭的教室里全体起立，长时间做"大臂向前看齐"。那是一种既无声又不留痕，但能够迅速让人肢体麻木、心神失常的消遣。加上教室本来就是个可大可小的奇怪地方，突然全体站起来，黑压压的头颅朝天棚顶去，给人一种异常臃肿的压迫感，好像空气都被抽走了。我们伸直蜡黄的手臂，很快陷入不可控的颤抖，模样非常愚蠢。班主任就在那汗味淋漓的森林里踱步，一边带着哀凉的笑容，发表对于我们未来的悲观预测。看见谁因为胳膊酸了而破坏身体的直角形状，他就高兴地竖起指头，宣布全体增加五分钟。有时他累了，回办公室休息，让我替他监督。我就侧身倚在门口，用哑语提示大家，什么时候能够坐下休息，什么时候要瞬间起立变形，心脏狂跳不止，心里感叹游走在黑白两道的不易。

六年级时我升到大队委员，戴上了三道杠。每天早晨梳洗时，最重要的收尾就是把三道杠妥帖地别在左臂衣服上。看着镜子里用别针别住的小白胶片，三道杠之间匀称紧实的排列，红与白的搭配，在我眼里都具有隽永的数学美。上学途中坐在爸妈自行车后座上，看到戴一道杠或两道杠的小孩，就忍不住替那红杠之间遥远凄凉的空隙感到难过，全忘了自己曾经心存敬畏地戴过它们好几年。碰见同样戴三道杠的小孩，才彼此正眼相扫，交换像电流一样酥酥流过的赞赏与荣誉感，心中特别对味。

也常常在自习课上被叫离教室，去忙大队文艺委员的事。楼上楼下奔跑，心里有一种轻盈的激动。因为校规禁止学生在楼里跑动，所以每当看见敢跑的人，你就知道他们担负着不可触碰的任务。升旗仪式上，站在露台俯视操场上密密麻麻的大队人马，也很容易培养出不利于自我认知的骄傲思想。

偶尔我会被大队部老师带去其他学校听课或参观，结束时间总比放学时间早，我就获得了突如其来的自由。在下午三点钟的闹市街头小心行走，身上罩着柔和的春日天光。四周看不到一个同龄小学生，炸香肠和涮豆皮的小贩争相向我招手。我会蹲在地摊前很久，翻来覆去摆弄那些塑料发卡和头绳，进入一种迟钝的冥想。再溜达到音像店门口，想想还有那么多时间可以消磨，就把几十张明星海报一一翻完，仔细对比金城武和郭富城的发型。一直等到放学时间，才隐身到叽叽喳喳的学生队伍当中，暗自窃喜，谁也不知道我过了一个如此狂野的午后。

监督眼保健操也是我喜欢的工作。当所有人被迫闭上眼睛，他们在我的世界里就消失了，拥挤的教室变成一片广阔清凉的沙滩。我在每个过道里走来走去，像大人那样背着手，省得碰到同学的文具盒。我贪婪地盯着窗外的绿树和砖墙看，好像比别人多赚了几分钟生命。我还利用那段时间去看喜欢的男生。有时候赶上对方也大胆睁开眼望着我，那滋味很惊人，像碰洒了一碗静置的水，或是看见一尊塑像忽然成了精。

我数学不好，对于管理金钱只有一种看法，就是烦恼。班费虽然只是每人五块十块，却总是收不齐整。有些同学是家庭困难真拿不出，有些则是拿钱去了游戏厅；还有一些摇摆的群众本来要交的，看到别人不交，就也改变了主意。我印象里有那么一回，不配合交班费的同学格外多。大概是连续阴雨天气，大家都觉得春游的希望不大，不乐意投资。连续一星期，我书包里都躺着一卷脏乎乎的钞票。下了课我就在教室里垂头丧气地游荡，想尽一切催款办法，实在没辙了就去掐那些赖皮男生腰上的痒痒肉，逼问："拿不拿钱？拿不拿？"等我终于把班费全部收齐，哼着轻松的小歌回家一算，竟然少了二十多。我坐在床上把钱数了一遍又一遍，看着全部打钩的欠款名单，心情沉重得吃不下饭。最后，我决定拿出自己的零花钱把钱补齐。跟谁都没说过这件事。

  一个人是要经历了多少人生跌宕，才能彻底忘记当初为班费焦虑时，心中那巨大的恐惧感呢？我是到现在还心有余悸。

  上了初中之后，我在惯性当中又参加竞选，当了班长。但青春期的叛逆已经在暗中贴地飞行，让我的精神世界开始出现了动荡。我依然勤勤恳恳地收作业，盯自习，但与此同时也偷偷买了黑色的指甲油，很渴望打耳朵眼。班干部开会时，我会把牛仔服的领子立起来，以詹姆斯迪恩的姿势坐在桌子上。

  心态的彻底转变发生在一次运动会后。我们运动会有各班出节目的传统，我和班里几个女孩编排了一段现代舞，配那时最流行的"AQUA"乐队的电子舞曲。废寝忘食地排练一个月，我把家里美国电影VCD的收藏都拿出来，凡是有嘻哈舞蹈片段的，就一帧一停地研究，把分解动作画到本子上，给女孩们看。又几番去服装批发市场看衣服，最终选定了一套哥特风格的黑衣黑裤。

  最终运动会上我们的表演非常成功，我还记得全场掌声雷动，我上气不接下气地跟同伴们合影，觉得整个世界都是我们的，我的生活好酷。但运动会过后的第二天，我们的舞蹈被批评了。我五雷轰顶，追问为什么，老师说，我们的舞蹈看起来太怪异，再说一身黑的服装也不吉利。就是那一瞬间，我心里嘎巴一下。

  那之后，我对"三条杠"的瘾戛然而止，以后再也没犯过。

甫跃辉

枇 杷 树

我家后院不止两棵树,却常被误以为就两棵树:一棵是枇杷树,还有一棵也是枇杷树。众树之中,这两棵最高,高得超过家里的两层瓦屋。它们存在的年代也最久,据说,是在我出生前头几年,爷爷从崖子头亲戚家带回来的小苗。几十年后,爷爷过世了,两棵树已然亭亭如盖;再后来,别的树没了,它们仍然挺立着。东边屋檐边那棵小枇杷树细一些,枝叶收束,结的枇杷多而小;西边屋檐边那棵大枇杷树粗一些,枝叶披散,结的枇杷少却大。"大枇杷树","小枇杷树",家里人一直这么喊它们。我们甚至给两棵枇杷树划分了权属关系,小枇杷树归弟弟,大枇杷树归我。

两棵枇杷树,每年开两次花结两次果。一次"倒花",六月开花,十月结果,花少果也少;一次"顺花",冬天开花,次年四五月结果,花多果也多。——是离开云南好多年后,我才发现其中的异样。我家的枇杷树,却是年年如此的。

一年四季的大部分时间,我都会爬到树上,如同那位树上的男爵。回想起来,大概只有冬天很少上树吧?冬天里,天蓝得发白,云很少到来。站在树底抬头望,枇杷树的枝桠疏朗许多,巨大树冠的外层，零零星星绽出花来了。枇杷花起初是个毛茸茸、黄褐色的小脑袋，缓缓缓缓张嘴，露出一瓣瓣洁白的小牙齿。枇杷花的呼喊，唤来蜜蜂、土蜂、黄腰蜂和蝴蝶。蜂飞蝶舞，寂静的冬日多了多少热闹。

薄薄的花瓣谢落地上，很快便被高原的阳光收干水分，随风飘散。

小小的青枇杷在枝头探头探脑了。有多少人吃过青枇杷呢？小时候，我吃的枇杷，大多都是青枇杷。枇杷才有手指头那么大，我就开始上树了。挑大的摘，一个个摘下后捧在手里，毛乎乎的硬铮铮的，擦掉表皮的细毛，咬掉花眼，挤出尚呈白色的核——此时的枇杷核没什么粘液，并不怎么滑。然后蘸了事先调配好的盐和辣椒吃。——也是离开云南多年后，我才发现，用水果蘸"盐辣子"吃，在许多人眼里是很怪异的。云南人可不觉得。对许多未熟透的水果，譬如梨、石榴、芒果、梅子、木瓜、李子、葡萄等等，我们都这么干。

端午前后，顺花枇杷成熟。从村外很远处，就能望见，两棵枇杷树犹似两朵黄色的蘑菇云。太阳底下，黄得那么亮眼。热风时时吹来果实成熟的气息了。

啪，一声响，一个枇杷摔落地上。水泥地面迸开一小片乌暗的水迹，滑溜溜的果核溅出老远，捡起果肉看一看，定是被鸟啄食过的。仰头望去，革质的宽大叶片簇拥着累累果实，阳光透过点点缝隙滤下，尺子画出般的一条一条笔直光柱里，浮动着细微的尘埃，是光阴正赶路呢。鸟儿们在枝桠间蹦来跳去，小小的身影乍隐乍现。如今，我能依稀辨识出树上跃动着的有树麻雀、戴胜、黄臀鹎、白颊噪鹛、绿背山雀、黑头金翅雀、暗绿绣眼鸟，还有常被误认为是喜鹊的鹊鸲。小时候，是除了麻雀再不认识其他的——不过，那会儿也没这么多鸟飞到枇杷树上。我们每天上树几趟,哪里还有多少鸟敢飞来呢?

放学回来,书包一扔,鞋子一脱——有时候也不用脱,因为本就没穿鞋,抱住树干就往上爬。三蹬两抓,抓到枝桠后,爬树和爬梯子便没什么两样。我最常爬上去的,自然是大枇杷树。在瓦屋顶平齐处,到了树的第一个平台。两个大枝桠朝南北伸展,中间的主干在此分叉,几根小枝桠间有个小小的"托盘",约莫可以放得下一只碗。我也真把碗塞进去过。先拽一捆麻绳上树,找个地方拴扎牢了,放下绳子,绳子底端系上竹篮,篮子里放进碗筷。垂下两条腿,坐了其中一根大枝桠,慢慢把篮子朝上拉,确保一路别碰到磕到。拿到碗后,稳稳当当塞进主干中间的托盘。此时的一碗饭,似有了别一番滋味。——当然咯,这是树上没枇杷才干的事,有枇杷时,上树自然都是冲着枇杷去的。

第一平台处,那伸向屋顶的大枝桠,枇杷一串挨着一串,挤挤挨挨的,云朵似的弹到瓦屋顶。瓦片好几年没翻检,靠近枇杷树的几条瓦沟堆满枯叶、细枝,不知哪一年落下的干瘪的枇杷。不知什么鸟衔来一粒种子,竟在这被雨水沤烂的杂物间生出一株凤尾蕨……想要摘那枝桠上的枇杷,须两脚勾住身后的主干,伏下全身贴紧枝桠,伸长了手去够。也试过用勾镰之类的器具,又怕力道不巧,掰折了枝桠;也想过跳到瓦屋顶,也真试过一次,两手握紧枝桠,两脚悬空,朝屋顶踩。只听得哐啷一声,两片瓦碎了,惊出一身冷汗。

要想吃到最大的枇杷,得到更高处的第二平台。

每一年,大枇杷树树梢,总会结出三五个小鸡蛋般的枇杷。它们被我视若珍宝,要用棕皮给包起来,以防鸟雀偷食。每一天,我都要爬上树梢。那时候人小,心里有些怕的,仍硬要往上爬。往上,再往上,最后抱住细弱的主干,揭开棕皮,一二三四五,五个胖娃娃幸福拥抱,五个胖娃娃晒晒太阳。

也有被鸟雀偷食了的,也有被大风吹掉了的,难免要伤心一阵的。每年也总有那么一两个能存到熟透。颜色慢慢变黄,黄里慢慢泛出红,红里慢慢浸出成熟的馥郁果香。表皮绷得紧紧的,指甲轻轻一划,立马鲜血淋漓皮开肉绽。终于,时辰到了,我摘下它们,祭了五脏庙。唇齿间回味时,失落不可避免地袭来。

枇杷最繁盛的时光,匆匆过去了。一个个夏天我想在树上搭一间小屋,屋里看书,吃饭,睡觉;一个个秋天到来了,小屋仍没搭起。无奈之下,有一天我甚至偷偷抱着主干在第一个平台那儿睡了一夜。

云朵越来越高,天气越来越凉,风越来越大。

有时在第一平台处,有时到第二平台处。抱住那几欲消失在空气里的细弱树梢,没有人发现我,没有鸟雀发现我。

我家住在东山脚下,爬到大枇杷树顶朝西望,无遮无挡,视线在施甸盆地一路飞驰,直到阻于最西边那一脉屏风似的高山。夕阳正在落下。曾经有几年,每年至少一百天我会像这样眺望着夕阳正在落下。往西山落下。往大地深处落下。往白昼的渊薮落下。风呼呼地吹,天气骤冷,满天云朵惊慌逃窜,恍若躲避黑夜的追捕。我抱住那已然消失在空气中的树梢,深觉自身也已消失在古老而又新鲜的夕光里。夕光照耀到好多年后的院子,大枇杷树砍了,小枇杷树没人攀爬了。夕光转眼变成黑白底片。——我再没看过那样好的落日,倒是常常吃到小鸡蛋般的枇杷。这般大小的枇杷,原是极为平常的。

"在我的后园,可以看见墙外有两株树,一株是枣树,还有一株也是枣树。……"夜读鲁迅先生,让我想起我的后院来了。

裘山山

颜值这回事

最近整理家书,在一封大学时期写给父亲的信里,我看到了自己对容貌的自卑。信是这样写的:

> 我的照片可能没有姐姐的好,因为被照的对象质量差。我从来没有对自己照片有过自豪感,甚至在与旁人的对比中,还会有一种小小的悲哀。女孩子总是想美一些的,但上帝已造就了我这副样子,并且连这副样子也难保持长久。当然,我是无怨言的,我相信命运。爸爸,我是有宿命思想的。

这封信写于1982年,我24岁,读大三。

也就是说,我在24岁的时候,依然为自己的容貌自卑。用现在的话来说,就是觉得自己颜值太低。其实那个时候,我也算草花有主了,也不乏"主"之外的追求者。但我依然认定自己长得难看,并且还由容貌谈到了宿命,可见思想包袱之重。

我对容貌的自卑始于少女时代。小时候妈妈带我和姐姐外出,一给人家介绍,这是我大女儿,人家马上就说,好可爱,真漂亮。但一介绍我,这是我小女儿,人家只会说,哦,挺文静的。

"文静"这个词,婉转地表达了不好看的意思。我那时虽然只有六七岁,也是明白的,但照样爬墙上树满世界疯耍,连"文静"这个词也索性不要了。等到了中学开始在意容貌了,却越发的难看。十三四岁应该是女孩子一生中颜值最低的时期,而我又黄又瘦又涩,更加不堪,加上小时候的疯劲儿也没有了,就一瘪塌塌的黄毛丫头。

因为自卑,见了人没点儿笑容,总是紧紧抿着嘴唇。不好看的人不笑就加倍不好看;也因为自卑,拍照时特别紧张,老是闭眼,不好看的人闭眼就加两倍的不好看。所以当父亲写信告诉我,我们家的合影已经取回时,我马上就心虚地说,我拍的肯定没有姐姐的好看(事实也是如此)。

父亲收到我这封信,肯定是好好安慰了我一番,我不记得具体内容了,只记得他用了苏轼那句著名的诗来激励我:腹有诗书气自华。

你别说,这句诗对我还挺管用的。我单纯地想,对啊,我不好看就更要好好读书了,书读多了气质就会好。于是我用这句诗做题目写了一篇随笔,中心思想是:**女孩子长得丑,更要好好读书。**

父亲还给我讲过苏小妹的故事,说苏轼有个妹妹长得不好看,额头凸,眼睛下凹。苏轼就拿她调侃,作诗一首:未出堂前三五步,额头先到画堂前;几回拭泪深无底,留得汪汪两道泉。苏小妹虽然不好看,人却极为聪明,当即赋诗回敬哥哥:一丛衰草出唇间,须发连鬓耳杳然;口角几回无觅处,忽闻毛里有声传。写完感觉不过

甜如蜜

瘾，再仔细端详哥哥，发现他长了一张马脸，且眼距很宽，五官不成比例，于是再作一诗：天平地阔路三千，遥望双眉云汉间；去年一滴相思泪，至今未到耳腮边。最后这两句，估计是对马脸最别致的描写了。

老实说，这故事让我觉得，苏小妹的才气比西施的颜值更让我心生羡慕。

当然，父亲给我讲这个故事的时候只是觉得有趣，并不是针对我，我自忖还没到那程度。但这些故事还是潜移默化地影响了我，让我觉得相比于相貌，还是聪明更重要。我们邻居有个漂亮女孩儿，成绩不太好，母亲说到她时用了一句俗语：聪明相貌笨肚肠。我暗想，那我宁可笨相貌，也不要笨肚肠。

母亲是不会认为自己孩子难看的。所以母亲总是感性而直截了当地鼓励我。我给她看我和女同学的合影，羡慕说，她长得真好看。母亲看了一眼说，她哪有你好看？五官都挤到一起了，你看你长得多舒展。我这才知道，一张脸布局也很重要；还有一次我说，某某的眼睛好大啊，还是双眼皮呢。母亲就说，鼻子那么塌，眼大有什么用？我这才知道，原来鼻子对长相也有重要贡献。

斗胆说，我母亲也不算漂亮，属清秀类。有一天她下班回来跟我说，哎呀，今天我在公共汽车上见到一个女人，长得太难看了。真的，我当即就在心里感谢我妈妈，没把我生得那么难看，把我生得普普通通。母亲手抚胸口，一副很庆幸的样子。我被母亲逗乐了。还真是，比起那些长相有缺陷的人来说，长得普普通通已经是很幸运的事了。毕竟高颜值属于金勺子，含着出生的人不多。之后，我也时常在心里感谢我的母亲，把我生得普普通通。

后来看书，才知中国历史上有很厉害的"七大丑女"。排第一的就是我华夏祖先，黄帝的妻子嫫母，黄帝竟然用她的相貌来驱邪！尽管是传说，也够励志的。后头跟着的几个丑女，也都是君王之妻或名士之妻，让人觉得古（男）人更看重心灵美，因为这几个丑女都是德才兼备的。比如齐宣王之妻钟离春，额头前突，双眼下凹，鼻孔向上翻翘（俗称猪鼻孔），头发稀疏干黄，骨节粗大，颈部喉结比男人的还要大。四十了都没嫁出去。但她饱读诗书，志向远大，还敢于给齐宣王进言，说他第一不重视人才，第二不虚心采纳他人意见，第三沉湎于女色，第四超标建设楼堂馆所。齐宣王也是了不起，居然接受了批评。为表示痛改前非，让这丑女子做了皇后。真是稀少的官场婚姻双重佳话。再说一个，东晋名士许允，进洞房一看到新娘子阮氏那么丑，转身要跑，被阮氏一把拽住。许允挣扎说，妇有四德（妇德、妇言、妇容、妇功），你不合标准啊。阮氏说，读书人有百行，百行德为首，你好色不好德，也不合标准啊。许允被她说得哑口无言，心生敬意，不但与她完婚，还一辈子相敬如宾。最后再说说诸葛亮之妻黄月英，据传这黄女士也是生得又黑又小，一头黄发，样貌猥琐（这个词真把她黑得好惨）。但她不但能诗善文，勤劳持家，还有军事才干，据传诸葛亮行军作战的利器"木牛流马""连弩"等都是她教他的（本人不负责考证）。而且黄女士还研制出避瘴气用的"诸葛行军散""卧龙丹"等药（真乃全才），强有力地助她夫君成就了千秋大业。

在翻阅这些著名丑女时，我发现两个现象，第一，那个时候的丑女都很聪明，是不是她们在进化过程中先进化了大脑，五官被滞后了呢？第二，"七大丑女"都是南北朝之前的，之后没再出现过著名的丑女了(就一个苏小妹)。是女人们好看起来了？还是丑女们的智商降低了？抑或，是男人们不再看重心灵美了？（史书都是男人写的呀。）

有七大丑女还有四大美女(显然美女入选更严格)。虽然四大美女也都不笨，至少情商不低。但学识才华什么的，都赶不上前面七个丑女。最要命的是，美女们(四大之外还有好多)至今都背着红颜祸水的名声，男人们经常会把失败倒霉的事儿赖到她们头上。

如此，让我越来越觉得，没必要做美女(好像有得选似的)。对自己的容貌，逐渐变得心安理得起来。

但偶尔，还是会受刺激的。当年男朋友追我的时候，也有其他女孩子在追他。我就问他，你为什么不答应某某？或者某某？在我眼里，她们都比我颜值高。男友居然说，我奶奶说，不要找太漂亮的女孩子当老婆。我当即喷道：你的意思是我难看了？他连忙说不是的不是的你也好看的。但此话已落下口实，成为后来无数次吵架时我的常规武器。其实我心里明白，是我自己有潜在自卑。

之后我写了一个短篇小说，《穿过那片树林》(发表在1985年《青春》杂志)，主人公苏铁就是一个丑女子，但是倔强努力，不肯认输。大体上，是在写我自己。可见我当时的自我认知。

大学毕业我分到教导队教书。我们教导队有六个女教官，个个英姿飒爽。有一次吃饭，我就依次夸她们，某某，你的皮肤太好了，玉脂一样；某某，你的丹凤眼好迷人；某某，你的身材真是窈窕动人；某某，你的欧式鼻子真洋气；某某，你的樱桃小嘴好可爱。

她们全都乐了，然后一起问，那你呢？我？我愣了一下，想了想回答说，我嘛，一样都不出色，但总体还算和谐。那是我第一次对自己的长相作了鉴定。

婚后有了孩子,更顾不上自己的容貌了,加上人在部队,军装是主打服装,所以从来没在化妆和时装上,投入过太多的精力和钱财。偶尔穿件新衣服,或换个新发型,一照镜子,又泄气了,感觉怎么都不对,遂不去想它。

也不知从什么时候开始,我竟然被人夸奖了。外出开会或者参加笔会,总会遇到几个夸我好看的人,有男有女。记得有一次遇到一个比我年长的女作家,她竟然说,你这么好看,能安心在家写作吗?我心里既高兴又困惑,就回家问先生,他们都说我好看,我是真的好看呢,还是他们哄我高兴呢?先生打量了我一下说,中年妇女嘛,气质好就可以了。

这这,真的实现了"腹有诗书气自华"么?

后来就有了"美女作家"一说,老实说,我特别不喜欢。有几年很流行,外出被人介绍是作家时,对方马上跟拜年似的来一句,美女作家呀。我真觉得闹心,因为这顶帽子对我来说死沉死沉,感觉自己瞬间矮了几分。当场扔回去吧,拂了人家的好意,不扔吧,只能佝偻着身子。

相比,我还是更喜欢另一个说法,中等美女。据说还有一首同名歌。我一听到这个就对号入座了,坐得极为踏实。尽管人家说"中等美女"是带有安慰性质的提法,就好像说笨人"很厚道"一样,但我还是极为认可。

"中等美女"有太多好处了。第一,毕竟中等,不至于太自卑而(丑女)多作怪;第二,毕竟中等,不需要在容貌上花太多时间和钞票;第三,毕竟中等,没那么多人围观打赏(以至于浮躁);第四,毕竟中等,不会为红颜易老美人迟暮而伤感——咱中等美女,老了无非就是更慈祥嘛。

其实在我看来,颜值这回事,就看你怎么想,你完全可以把它拓宽来想。我认识一个女人,长相一般,但声音特别好听,迷倒不少人。由此我想,假若你相貌一般,但你的谈吐动人,你写的字漂亮,你的歌声迷人,你穿衣有品味,你举止得体,你健健康康充满活力,你开朗乐观喜欢大笑,那你就是一个美丽的女人。人生何处无颜值?

王 瑢

萝卜翠,玻璃脆

在北京,我们饭店的冬季时令小菜"沙窝萝卜"一上桌,卖相气度不凡。满眼爽利,碧翠晶莹,看着就口舌生津。还卖一种圆头圆脑的红皮萝卜,太原人叫"心里美",拍碎了拌以糖醋汁,淡淡的胭脂色,粉嘟嘟堆在盘子里,模样俊俏,吃口稍硬。有人馋得紧,直接下手抓来吃。嘎吱嘎吱。忽然哎呀一声——他的手指头已微微泛红——这种萝卜掉色。记忆中,我奶奶牙齿还未掉光,每顿饭吃到尾声,一定要来几口脆萝卜。嘎吱嘎吱。真那么好吃?她笑眯眯来一句,省得漱嘴,还通气化积。

我家楼下的菜场一入冬,白萝卜大量上市。有长有短,大小不一,圆头尖头,红皮青皮。价格大相径庭。白萝卜究竟有多少种?真说不清。我吃过最好的白萝卜,当属产自天津的"沙窝萝卜",天津人叫"卫青萝卜"。萝卜通体沉绿,从头到脚,一路绿到底。一根萝卜能见白的部位,最多不超过四分之一。一刀下去,萝卜芯也透着绿。碧绿欲滴,像玻璃翡翠。这种萝卜水分极大,天津人给它起个好听的名字——"赛鸭梨"。这萝卜水分真是足,个头又真大,吃口爽脆。我们饭店一到季节,专卖这道时令凉菜。做法很简单。萝卜洗净去皮，直接改刀，等寸宽窄的长条，盘子里一层一层码好，恢复成萝卜形状，单跟一小碟自制蘸酱，就那么端上桌。吃吧！顷刻间一抢而光。人人手口并用，大快朵颐，耳边盈满"嘎吱嘎吱"，吃得痛快。沙窝萝卜既脆又甜，凉菜间每天不论准备多少，最后都估清，卖得一根不剩。萝卜皮也不浪费，稍稍晾晒几天，散散水气，待皮子边缘微微卷起，撒一小撮细盐粉，直接上手，来来回回揉搓，入油锅快速翻炒，撒一点花椒水，最后少不了喷一股老陈醋。装盘。地道的家常小菜——"炝萝卜皮"。酒多来几口，醒脑解酒，上海人说，"哈灵！"

有次去逛进口食品超市，竟然看到"沙窝萝卜"。标价令我吃惊。边上销售小姐笑眯眯地说，"这种萝卜卖得极好，世界各地的顾客都喜欢。"贵得咂舌。要说天津沙窝萝卜踏遍世界，倒也并不夸张。据说美英日法等国，大大小小菜市场，这种萝卜大受欢迎。千里迢迢运来，自然身高价贵，包装也高大上——不再叫萝卜，改叫"GaBang Pear"，直译过来就是"嘎嘣梨"，成了水果界一枚新晋翘楚。超市里的沙窝萝卜，后期仔细包装，方方正正一只大纸盒，里面三四颗，洗得光眉俊眼，安安静静躺着，有种傲娇的华丽。这萝卜有水果的好处，反之却不然。天津人有句老话——"吃了萝卜喝热茶，大夫气得掉了牙"。道理不言而喻。有次去天津，朋友请饭。那饭馆开在一个毫不起眼的犄角旮旯，一脚踏进，朋友抬手朝边上一指。沿墙根立着高高低低一摞纸箱，店老板笑眯眯迎上来说，"萝卜您自个儿挑，多少随意，给厨房就得。"朋友走过去，拿起两根就往地上摔。我一吓，这是做啥？他头也不抬来了一句，"萝卜落地摔八瓣儿，保好您！"我忽然想起奶奶去菜场买竹笋情景。也是这样，一大早，刚运来的一车新鲜竹笋，奶奶专挑那些落地摔碎了的，卖相不佳，吃口却极好。真怪。

记忆中，我奶奶一入冬嘴边常挂着一句话——"冬吃萝卜夏吃姜，不要医生开药方"。我一直以为，这是为哄小人儿吃萝卜。吃萝卜总好过生病打针，一听到"医生"二字，小人儿立马变老实。我奶奶所说的"萝卜"，其实专指白萝卜。胡萝卜红萝卜水萝卜，通通都不算。幼时有次过年在乡下，恰好遇上赶庙会，奶奶拉了小人儿四处转悠，路边有人卖萝卜，吸引了我。好大一堆粗笨萝卜，那人并不吆喝，手拿一只喇叭在吹。是那种玻璃吹制的喇叭玩具，极细极长的颈，平底，封着口，放在嘴里轻轻吹，一吹一吸，"咯叭——咯叭——咯叭！"。脆生生的很好听。小人儿被迷住，站在原地不动。好景不长，看得正高兴，忽听"啪"一声，玻璃喇叭破了底。那人面无表情，不慌不忙从边上的布袋里又掏一只，举到嘴边继续吹，"咯叭——咯叭——咯叭！"旁若无人。到底是卖萝卜还是吹喇叭？

这玩意儿，太原人叫"琉璃咯蹦"。望文生义，形象而有趣。现在早已见不到了。会这种手艺的人，还有没有？古人把彩色玻璃叫"琉璃"，而把透明玻璃才叫玻璃，成语"光怪陆离"中"陆离"二字，说的就是"琉璃"。阳光下细看，五彩纷呈，漂亮至极。诗人屈原所戴那顶博冠，镶有"陆离"，代表作《离骚》中还专门写到过——"高余冠之岌岌兮，长余佩之陆离；芳与泽其杂糅兮，唯昭质其犹未亏"，以服饰比拟诗人的美德，宠辱不惊，特立独行。那时的玻璃都要从域外传入，远远要比金银珠宝显贵，所谓"盖其难得也"。我有次看一个纪录片，说的是北魏墓出土文物，镜头中多次出现"琉璃残片"。

极薄。放到日光下观察,光亮烁烁,一如珠母。虽时代久远,走过这么多世纪,仍华美异常,无可比拟。

记忆中,我的童年见过"琉璃咯蹦"。这东西吹制难度大着哩,奶奶说,要把玻璃吹到极薄,底子不够薄,咋能叭叭响?奶奶很会吹,但与卖萝卜这位,方式迥异。奶奶不用嘴,她拿手吹。把"琉璃咯蹦"的小口,小心地埋在一只掌心,另外一只手,掌心与之相握,并非紧紧一握,要中空边紧,然后一鼓一压,一压一鼓,响起来,"咯叭——咯叭——咯叭!"小人儿死活想不明白,到底怎么弄的?我亲自试验过多次,一吹就碎,吹吹碎碎,越发没了耐心,到后简直有了心理阴影。这种玻璃喇叭的寿命,好像都不长久,即使神一样的奶奶,吹久也照样会碎。那声音殊绝难忘。玻璃吹动,能发出什么声音?无可言述的美。

我奶奶牙齿不好,却爱吃萝卜。最爱那种青皮萝卜,一刀下去,里边红红紫紫,这是山西本地的"心里美"。切成一小牙一小牙,就那么生嚼,当水果吃,又甜又脆。北方的冬天,人们把各种萝卜买来,储藏在四壁结霜的小仓房里,上边盖些湿沙,怕它冻着。一直可以吃到开春,不会空心,太原话叫"糠芯"。有年春天,我发现萝卜顶生出娇嫩的小黄芽花,奶奶把它切下来,找一只粗瓷大笨碗,小心地养在水里。过几天再看,呀,竟开出一嘟噜一嘟噜紫色的小花来。贫瘠无聊的百姓日脚,变得可爱至极。

太原人一年四季总有萝卜吃。既饭且药。谁家小人儿风寒咳嗽,白萝卜擦丝,与小米同粥,临关火时洒入炝好的葱花沫,撒一点点盐粉。使劲儿吃吧!比药灵。黄萝卜像生来就是专门腌泡菜的,微酸脆嫩,十分可口。胡萝卜吃饺子或炖肉,都极好,但必须与羊肉为伍,若是跟猪肉搭档,你吃吃,说不上来什么感觉,味道有点滑稽。春季时才有水萝卜,南京人叫"杨花萝卜",四季之中它最早登场,生嚼,最多蘸点黄酱,吃得心满意足。萝卜缨子,一般人都弃之不理,其实是极大浪费。新鲜萝卜的缨子味道极好,只开水一焯,盐醋拌拌,口里一派清鲜。似乎只有水萝卜是季节性?春天一过,踪迹全无。那粉嫩嫩的妩媚好颜色,像专门为了点缀春天。

邵颖华

年 味 儿

"二十三,辞灶天;二十四,拉大字;二十五,做豆腐;二十六,割年肉;二十七,宰公鸡;二十八,把面发;二十九,全都有;三十下黑儿满街走。"这是北方农村过年时的习俗。年初一之后每天也各有讲究,当然各地细节各不相同。下面拣老家春节前的几桩事情说说,给过年添点兴味。

二十六,割年肉。

小时候,我从来不敢看杀猪的,害怕猪临死时的嚎叫声。但是,年前,无论卖猪肉的还是买猪肉的,一律地兴高采烈。

那时,放了寒假的父亲,无论领没领工资,除了买好或者赊好一条猪腿或者一大块肋扇之外,常常让熟识的杀猪人家给他留一挂"里罗子",也就是一套猪肠、猪腰、猪心、连肝肺。好的时候,会加一个猪头。买回家,父亲就张罗着洗和煮。先在当院里刷好案板,把这些物件啪往案板上一摔,拿大刀一件件啪啪啪分开,再压好一大桶水,倒在大黄盆里,一件件、一遍遍清洗干净。水是拔凉的,但是父亲忙活起来,头上却冒热气。

锅屋里母亲已经刷好大锅,劈好柴,大火烧热了水,父亲拿筐盛好洗净的肉,往锅里一股脑儿倒进去,烧开,撇沫,加上花椒、八角、桂皮等大料,然后盖上高粱挺子绮的锅盖,大火熬,小火炖,一会儿整个屋子里雾气腾腾,一个院子里都香气袭人。

大冷的天,母亲常常是不穿棉袄的,因为她几乎从来没闲住过。煮好后,父亲会把孩子们喊到他跟前,把切好的一大碟灌肠,让我们先过瘾。热腾腾的,等不及拿来筷子,我们抓起来就吃,那叫一个香啊。

之后,这些熟肉就要被放进篮子里,挂在堂屋里的梁头上。年后待客就指望着它们了,小孩子只能望肉兴叹了。我们唯一可以放开吃的,是猪皮冻。父亲把处理净的猪皮、猪耳朵和黄豆、花生放在一起,加上佐料煮,煮好后盛进盆里,第二天早上我们就能吃上味道鲜美、清爽可口的猪皮冻了,而且足够我们吃好长时间。

那时家家堂屋当门屋梁上都挂着篮子,有的鱼啊羊腿啊大块的猪肉啊,直接挂在那里,进门就能看得见。好像谁家挂得多,谁家的日子就红火,所以家家都不含糊。

二十七,熬糖稀。

每年腊月二十七的时候,我们家都要熬糖的。

前一天下午,母亲就到南园里,下到红芋窖里,把熬糖用的红芋拾出来,要两三槎头才够。回到家,一块块儿把根须摘干净,剔除坏掉的,然后洗干净了。第二天一早,削好皮,把切好块的红芋倒进大锅里,加水,大火烧开,直到红芋烧到烂熟为止。

父亲刷好一口砂缸,用大马勺,一下一下把煮成粥的红芋舀进去,再拿一根擀面杖,按顺时针方向,搅啊,搅啊。母亲把提前几天生好的大麦芽,在碓窝子(石臼)里捣好,倒进砂缸,然后合力搅。搅到

甜如蜜　170

你根本看不到红芋块之后，他们就把这些糊状的红芋，再一勺一勺舀进纱布袋里，在斜放的案板上用力挤啊挤，清亮的汁液就流进下面的陶盆里。等把所有的过滤好之后，再把陶盆里的汁液倒回干净的大锅里熬，这时就快到中午了。

糖稀熬好之后，就是叠糖了。母亲做的有炒糖，有米花糖，有芝麻糖，有花生糖。这时跑出去野了一晌午的孩子们都给吸引到跟前了，拿母亲的话说，一个个就像饿燕似的。过年的时候，家里做什么活计，母亲都是把孩子们赶到外面玩去，一是嫌孩子们碍手碍脚，二是嫌孩子们多嘴多舌。母亲说过年图的就是吉利。

叠糖的时候，孩子们把在街头炸好的大米花拿来，一把把地往嘴里塞。大人夺过袋子把米花铺在案板上，然后把糖稀浇上去，不能多也不能少，多了黏牙，少了米花不能成团。母亲把和着糖稀的米花用力揉在一起，用刀压成长条形，然后，一刀刀切下去，放在簸箕里晾一会儿，又甜又脆又香的米花糖就做好了。接着母亲又去做花生糖、炒面糖。剩下的糖稀，母亲把它盘成一个糖盘，金黄金黄的，以后孩子什么时候想吃，就给磕下来一块。

二十八，把面发。

也不知道，那时为什么会蒸那么多的馍馍。我们家一米多高的大砂缸，要蒸满满一缸。

面不是和在盆里的，也没有那么大的盆能装得下。和面也不是一般的人能和得了的，要有大劳力。先把一大口袋一大口袋的面倒在一米多长的柳条簸篮里摊开，加温水和自制的发好的引酵。揉面那要我大哥抡开膀子干的。凌晨把面和好，天冷，要盖上被子，等面发了就可以蒸了。蒸了一锅又一锅，常常要持续一整天的时间。

母亲和近门的嫂子们把发好的面折成一个个的馒头，还要给黄面里加上红芋馅或者豆沙馅，用竹制的四五层的大蒸笼来蒸。蒸好之后，刚一出笼的馒头，麦香四溢，孩子们就跑去抢，嘴里叼着，手里掐着，什么菜也不需要就，三两个很快就能下肚。

一笼一笼的抬下来后，放在厢房里用秫秸编成的好几米长的薄子上晾开，晾凉再把它们一个个收进那口一米多高的大缸里。

那时候，我一直都不明白，怎么一到过年，母亲就会变出那么多的白面来。平常难得一见的白面馒头，在那一天堆得像小山似的。

二十九，全都有。

年二十九，家家都在忙着炸丸子。有藕合子、萝卜丸子、大米丸子、肉丸子等等。我们家的传统主要是炸绿豆丸子。母亲先在小石磨上把绿豆磨成粉，然后把绿豆粉加水和葱姜作料调成一大盆馅。

炸丸子这活儿，都是父亲给母亲打下手，他烧火，风箱还拉出节拍来，配合着他的唱腔，父亲的脸被灶膛的火映得通红，一会儿一段豫剧，一会儿一段京戏。母亲站在锅灶旁，左手攥着馅，右手用食指和拇指一撮一撮就飞快地把丸子一个个送进油锅里。等它们一只只圆滚滚地飘起来，炸成了棕红色，豆香味就弥漫开来。

大年初一的早上铁定吃饺子，中午是海带、豆芽、绿豆丸子汤。在我们家这是年年都不会变的。

炸好的藕合子是不规则的块状，常常来了客人，炖菜的时候与肉炖在一起，出锅它也就算一个大碗儿了。

炸丸子的时候，孩子们常常等不及，不住地跑来问，咋还没炸好？咋炸这么多？母亲就会大声冲孩子们嚷：一边儿凉快去！生怕孩子们会说出什么不好的话来。其实这时候,孩子们真正放在心上的不是这些丸子,而是最后才会上锅炸的焦叶子。

我小时候,地里还种稷子,那是做焦叶子最好的原料。后来不知为什么就都不种了。过年时母亲只好把买来的有时是邻居送的一些糯米面或者粘玉米面,用热水烫好,加上糖和芝麻和好,然后拿擀面杖擀成薄薄的面皮,用刀子划成一个个的菱形。放在秫秸薄子上晒干。炸丸子的时候,最后就会把这些炸成金黄的焦叶子。这是孩子们最喜欢吃的,焦香酥脆。也是年初一乡邻拜年时,招待他们用的。走亲戚时,也会带上一些。不过,常常走在半路上,就被我们这些孩子们偷吃得差不多了。

焦叶子的味道,香了我整个童年。

年三十,下黑满街走。

年三十,天一明,家里人往往分成两拨,一拨去赶集,一拨在家剁馅包饺子。

孩子们最高兴的是跟着大人去赶集。没有车子骑的,就呱嗒呱嗒跟在大人后头蹽(duàn 急迫)。那时我们要么去陇海线上的黄口车站,要么跑到砀山那边的大集上去。

女人这时赶集多半是想买个花洋布褂子或者买个红围巾,犒劳一下一年忙到头的自己。当然还要给自家男人和孩子都扯一身"换年新"。

父亲早早吃了饭,一个人骑上自行车去赶集,去得早,回得也快。回来后,少不了闺女的花、儿子的炮,少不了买几张年画、红纸,还有瓜子、糖果等等一些好吃的。那些红的花儿,是用油纸或是绢做的,那时就是觉着好看。戴上花儿、穿上新衣的女儿在院子里跑来跑去,花蝴蝶一般。

男孩子哪里能等到晚上,拿着甩炮到处甩,地上墙上,噼里啪啦。新套上的衣裳,烧个把窟窿,回家挨揍那是常有的事儿。有的孩子无意或者根本就是捣蛋,拿点着的炮仗往路边谁家柴火垛上扔,顿时火光熊熊,孩子们欢呼雀跃,听到主人家骂将出来,才作鸟兽散。

中午,母亲把晚上要吃的扁食,早已经预备好了。当然有时候少不了邻居大娘、嫂子搭把手。母亲得点空儿,还得给乡邻做剪纸。有的是做窗花,有的是预备给孩子做虎头帽的,有的是小媳妇给自己做绣花鞋的,有的是小青年结婚要用的。

父亲从集上回来,就忙着在当院里,摆上案板,拿出笔墨,拉开摊子给乡邻写对子。写好的,就高高兴兴拿去贴。家里人来人往,父亲在外地工作或上学的学生常会来家里坐坐,跟父亲唠唠家常。

傍晚,父亲会带着他的儿孙们,到祖坟上去。过年了,日子过得好不好,都要烧纸、放炮,磕三个头,让祖先知道。

晚上,那就是家家户户都不能少的吃扁食了。一挂鞭炮炸响之后,母亲先盛的几碗饺子,谁也不能动,那是要敬献给老天爷、灶王爷还有祖先享用的。然后,父母上座,一家老少围在一起吃年夜饭,好不热闹。拂晓鞭炮声再一次此起彼伏响起时,新年就真的到来了!

我老家在皖北黄河故道旁,苏鲁豫皖四省交界处。我记事的时候,是在七十年代,那时过年,父母总能变魔术似的,用最简单的东西为我们变出很多好吃的好玩的,从不因为家里穷就敷衍了事。过年就过得热火朝天,有滋有味,快快活活,过得有盼头。而现在家里富裕了,过年却总是觉得少了些什么,到底少了些什么呢?

陈思呈

没病的人是无知的

去年某天，正一个人吃饭，突然心脏区域一阵绞痛。我停下碗筷品味陌生的疼痛，但恐惧的程度更大于疼痛的程度。因为想到前几年某友心梗去世，也是类似的心脏绞痛，第一次发作时他并未引起重视，只以为感冒所致，第二天再次发病，便无力回天了。想到这里我赶紧给我婆婆打了个电话求助，说疑似心梗。

我婆婆心脏不好，经验丰富，她听我描述了症状之后，认为应该是心肌缺血。就带着硝酸甘油之类的基础急救药往我家赶来。虽然彼时我已恢复正常，但吾友的前车之鉴阴影太深，我二话不说，便把我婆婆带来的药悉数吃下去。

其中一种是麝香救心丹，但我忘了和婆婆说明，当时我处于生理期，而我也不知道这个药在生理期是禁服的。吃下之后心肌没有再痛过，但出现新的症状，不到一小时，全身已被冷汗湿透，寒冷一阵阵袭击两条被子下的我。

两天的时间我真正履行了一个病人的职责：没离开床上那两条被子。——尽管当时已经是四月。

对了，那天正好是四月一号。我瑟瑟发抖发了条朋友圈：我可能有心脏病！谁知，多数以为这是愚人节玩笑，完全得不到想象中的慨叹或者关心。更有甚者，深圳的师兄赶紧微信告诉我："看新闻，深圳设立了免费遗嘱库，要不就来深圳发展吧？"

大概是朋友的态度让我觉得，不去医院看一看倒显得自己不真诚似的。从床上爬起来之后我就去医院挂了个心脏科，查了心电图胸透什么的，最后的结果是健康得可以上山打虎。我除了庆幸，也略有一点奇怪的空虚。

吾有一友甚至跟风声称她也有心脏病，她说，论起病来，心脏病好像显得很优雅。那段时间，我无意读到一本心理学著作，里面提到，"快乐也是一种有害的情绪，中医说喜伤心，所以少壮就有心脏病的人，多半是成功太多的人。"这个说法简直是为吾友的观点添油加醋。

小疾怡情，有一些小疾似乎确实颇能增添风情。我们小时有个同学，她的骨骼比普通人要柔软些，体现在她的手指甲都是软的，可以一边与我们聊天一边把它像纸那样撕下来。但似乎也没有别的麻烦，只是家长让体育老师稍微照顾她一些，因为她确实就是娇弱些。这个备受照顾的女孩子一直有众多的爱慕者，我总觉得与她的身体素质不无关系，这种可能称不上疾病的疾病增加了她的神秘感，让她区别于我们茫茫大众。当然我也不得不心情复杂地交待一下，她确实长得非常美丽。

再另一个风情出名的病美人，大概就是《围城》中汪处厚的汪太太了。她患的也是具风雅的可能性的病：贫血，钱锺书说她"终年娇弱得很，愈使她的半老丈夫由怜而怕"，具体是怎么又怜又怕，这就不多说了。

至于心脏病,美国知识分子桑塔格在《疾病的隐喻》一书中提到了。她说:"没有人会考虑对心脏病人隐瞒病情:患心脏病没有什么丢人的。人们之所以对癌症患者撒谎,不仅因为这种疾病是(或被认为是)死刑判决,还因为它——就这个词原初的意义而言——令人感到厌恶:对感官来说,它显得不祥、可恶、令人反感。心脏病意味着身体机能的衰弱、紊乱和丧失;它不会让人感到不好意思,它与当初围绕结核病患者并至今围绕癌症患者的那种禁忌无关。"

桑塔格说疾病是生命的阴面,是一重更麻烦的公民身份。谈论疾病,沉重的笔触似乎是一种起码的修养。但在这沉重之外,若能感到各种疾病被我们或势利、或无厘头地品味出各种不同意味,似乎也是非常冷酷的幽默。

吉田兼好的《徒然草》里很漫不经心地写过一句,有几类人不能与之为友,前面几类人都很合理,因此看过也就忘了,而最后一类人是——"身体很好、从不生病的人"——这句话里的道理,一时说不清楚,却可以意会。从不生病大概有种不留余地的气质,同样也很难对"弱"有真正的体恤,因为他的想象力未必能细腻到让他感同身受。

在那些偶尔的疼痛、微小的不适、可以迅速治愈的病患里,我们似乎能得到很多健康时得不到的人生况味。就像以前,我曾经不知道胃在哪里,自从有一次胃痛之后,就知道了它的位置。以此类推,是不是可以说,如果从来不知道心痛是怎么回事,也可能因为没有患过爱情这种疾病。没病的人是无知的。

晓　寒

阳光堆在犁铧上

犁铧是沿着墙角进入我的生活的，祖父说，它的年龄不知比我大了多少倍。不过看上去它一点也不老，时间的河流冷如刀锋，似乎从未与它遭遇，犁铧是一个叛逆的家伙，把自己丢在了时间之外。在一个初秋的早晨，它挣脱了时间的枷锁，闯进我的视野和思维里，像一件刚刚铸好等着上战场的兵器，闪着傲慢的寒光。

那时候我害怕锐利的东西，像刀斧锯凿之类，所以从来不敢去招惹它，就是从它身边经过，也是蹑手蹑脚，生怕惊残了它的好梦。

它一副冷冰冰的样子，停留在它生命源头的状态，一块瘦岩岩的石头，刚刚从地层的深处发掘到这里，用它坚硬的目光，梳理这个村庄的筋脉，倾听暗夜里从遥远的另一头潜流过来的响动，思考它的命运和这个村庄的羁绊与纠葛。谁是谁的主宰？谁是谁的附庸？它有大把的时间，可以慢慢地做这件事情。

只有到了翻耕的季节，土地的脉动才把它召回，加入到村庄的烟火中来。祖父把它摁倒在饱满的河水里，拿一把稻草慢慢擦拭，事实上，它已经够干净了。但祖父还是擦得很用心，反复地擦，反复地洗，连一条小缝隙都不放过。祖父把它收拾得一尘不染之后，背回来放到屋坪里,让太阳慢慢把它晒干。祖父拿起他那把发黑的长烟杆,装一袋烟点燃,边嗦嗦地吸着,边围着犁铧转圈,不时用手抚摸一下,嘴里念叨着,真是一张好犁,又吃泥,又扯不断。犁铧的好坏我分不清,但我见过人家翻地,泥吃深一点,牛脖子一耸,猛一用力,嘎嘣一声就断成了两截。

太阳满满地堆在犁铧上,犁铧像一面镜子,反射出冷艳的光芒,水珠给镜面打上稀疏的斑点,但还是能把人的眼睛刺得一塌糊涂。

到第二天,祖父出去翻地,牛在前面走着,祖父和犁铧走在后面。外边到处能听到赶牛的吆喝声,一张又一张犁铧插进村庄的泥土里,泥巴翻起来的那个空隙,阳光正好打在劳作的犁铧上,透过浅水折射回来,周围的路上屋顶山上有数不清的光斑在游荡,像是村庄里的一个个游魂。空气的成分陡然变得复杂多义起来,那是青草混合着新泥、牛粪、汗臭的味道,对准路人的鼻子长驱而入,想伸手去遮挡,很快打消了这个念头,发现这味道竟是生活的枝桠,早已沉埋在身体的某一处皱褶。

一张张犁铧在村庄的土地里鱼一样游动,这时的村庄,撕开了伪装,完成了与心灵最完美的对接,犁铧过处,枝枝节节,都在响着爆芽的声音。

翻耕一干就是十几天,那时候,祖父还是生龙活虎的,好几块地,一天就能翻完,泥吃得深,翻得整齐,没有人能比过他。上屋的生老子和他比过几次,但每次都输了。生老子不服气:你不就是靠着那张好犁!祖父说,那我和你换张犁试试?生老子不敢再比了。

到了黄昏,祖父赶着牛从地里回来,屋里已经点上了煤油灯,灯火里的犁铧还沉浸在劳作的时态,像一条小溪一样淌着水,祖父把它轻轻放回墙角。我有些不明白，一张犁铧，随便丢在哪里都可以，为什么偏要放在屋里呢？弄得屋子里水汪汪的。

　　后来我才知道，犁放在外面，夜里会打露水，沾了露水就会长锈，长了锈就容易坏。这是祖父的原话。别看祖父长得五大三粗，其实很温和，成天笑呵呵的。祖父告诉我，这张犁是他父亲也就是我的曾祖父留下来的。曾祖父小的时候，家里开了一家药铺，后来家道衰落，药铺关了，地和房子也卖了，四十岁的曾祖父租了人家的一块地学做农活，用一张犁养活一家人。我无法想象一双瘦弱的抓惯了药材的手怎样驾驭那张犁铧，顺溜地把土地翻开，这个我从未谋面的男人，到底是如何做到的？

　　虽然我知道了犁铧的来历，打着沉重和温暖的烙印，但我还是怕它，它那冰冷的雪光里，好像总带着一股腾腾的杀气。可我的哥哥姐姐们不怕，他们没事的时候，会随手折一根树枝，在犁铧上胡乱地敲打，当当，当当当，像寺庙里的钟声，这是他们聪明的发现，犁铧除了用来翻地，还可以是不错的玩具。祖父看到了，不知从哪里找来一些式样不同的铁块，来，敲这个，犁会敲坏的。他们立马丢了犁铧，拿起铁块各敲各的，嘈杂声顷刻把屋子塞得满满当当。也许是犁铧的声音更好听，没过几天，他们又把铁块丢了，敲起了犁铧。

　　祖父慢慢老了，用不动犁铧了，父亲接了过来，还是在同一片土地上，一次又一次把古老的泥土一页页翻开。新翻的一页泥土，就是祖父曾经翻过的一页，只是祖父的那一页已经找不到了。父亲留下的犁痕，就是祖父当年犁出的沟壑。原来，土地和人一样，都在延续着同一条血脉。

　　犁铧转到两个哥哥的手里时，没用上几年，村庄里的犁铧便在机器的轰鸣声中败下阵来。我家的犁铧也随着大流,沿着一条曲曲弯弯的路,走到了谢幕的时刻。

圣·埃克佩里说,人们不是为了犁铧才去耕种。有谁会为了一张犁铧去耕种呢?

祖父和父亲用同一张犁铧,每年重复着把村庄的土地犁开,将我们这个家这个村庄的黑暗和饥饿埋进泥土,等到盛夏和寒秋,结成灿烂的谷粒。

现在,犁铧被放到一栋空房子的楼上,燕巢已经空了,燕子不再来去,蛛丝横织竖结,四周草丛里的爬虫迁移过来。犁铧沦落到这步田地,很快衰老了,锈蚀攻陷了它的眉心。

犁铧,没有人再提起它,都把它给遗忘了。犁铧在空荡里看得到时间的来来回回,它在时间的来回里反刍着自己的傲慢和辉煌,反刍着一个村庄的来路。它的命运,不需要谁来预测。

村庄太小,已经容不下一张犁铧。我偶然回去,还能看到它,只是我不再怕它,我和它默默相望,从它衰败的眉眼里,能感知到传递过来的泥土的温度。

擦去时间堆叠的锈迹,上面有一行清晰的字:光绪二十四年。

它是我家唯一的古董,是我那个村庄的图腾。

辑四

孙　郁

世情与远思

人到了一定年龄，在深浸世俗的时候，还有一点梦想，有时便会忘记老之将至。青年的时候看见六十岁的老人，在那沧桑的形体里有时感到悲哀的影子，那是日暮里的光景，羡慕岁月之痕里的故事，然而却觉得少了一些光芒。现在自己也到了这样的年纪，却有一点木然，仿佛还在旧的轨道上，不知日之将熄。到了耳顺之年，梦似乎渐渐少了，多的是对于世情的留恋，那些日常生活里有趣的花絮，常常成为记忆里的陪伴。

去年看到格非的《望春风》，发现中国作家恢复了一种写作的精神，那就是从传统的世情中，觅出梦想。文本不再陷于单调的叙述里，有了精神多样性的重奏。这给予我一个惊异，"世情与远思"的想法，就从中而来的。于是对于一些写作的经验有了一点不同于过去的认识，觉得不同经验的综合，也是今天的写作者要做的工作之一。曹雪芹写作的时候，就吸收了前人不同的笔法，这种广博里的深载，不是每个作家都能做到。我们这几代人，很少有这样的本领。

在这几年的阅读里，偶然从作家的文本接受过程发现了这样的问题，比如，读者的评价尺度差异很大，即便是批评家，也在不同的时空里自说自话，彼此难以沟通。中国喜欢看人间的热闹，对于独思里的漫游有时不以为然。东汉的文人看到佛经大为惊艳，这样纯然的心灵顿悟，是汉语世界少有的存在。直到现在，我们的文本里缺少远思，都是历史的惯性。其实，在中国，既有世情，又有远思的作家实在不多，鲁迅、曹禺是给予我们清醒提示的作家，他们文本后的大的哀凉，乃高远的情思的外化吧。中国的新文学起点很高，有了鲁迅的探索，我们的精神版图才有了可与域外艺术媲美的资本。我在格非这样的作家那里看到了这样的努力，真的是令人欣慰。这样的作家即便到了老年，依然有热浪的流动，得阴晴于笔下，释曲直于墨间。梦而不失现实感怀，恰是汉语作家一个传统。

　　但是世情的纷扰之大，有时也会使人梦碎。许多看破世情的人遁入空门，将自己置于清静之所，以此得无量慧能。这样的选择要有勇气，但因之而使世间纯然，却很难说。所以中国的儒生也学会了进退间的选择，入世时的佛心，在尘世里度己度人，都是让人感动的地方。苏轼的潇洒，有庄子的味道，但佛门的广远之思，乃其精神动人的原因之一。我们看他在日常生活里的自娱自乐，衣食住行里的享世语义，都很儒家。但那背后，释迦牟尼的智慧常常临照，道家的道遥也翩翩而至，遂有了后人所说的仙气。今天人们说起苏轼来还津津乐道，不是没有深厚的原因。

　　我自己写一点文章，其实亦有寻梦的冲动。但自知是一个俗人，有时不免黏滞在狭小的语境。想起来可能市井气浓厚了一些。虽然知道那风景里亦有阴影，甚或暗区，总还觉得人间气里有人性的本真在焉。但这样的结果，常常是世情知之甚少，远思也空断的时候居多，不免成了高低难就的人。到了耳顺之年，还被俗意缠绕，那都是未得修炼的缘故。

　　回想平生，自己做过多种职业：农民、文化馆馆员、博物馆馆员、记者、教师。喜欢、欣赏过各类的人与事。但不能忘情的是那些普通又普通的人的一些生存趣味。记得在乡下和小镇子里，有许多以种菜、种地为生的人，日常的工作很辛苦。但过年的时候，他们组织起乐队集体搭台演出，投入很认真，艺术的技艺非一般人可及。我幼时对于戏曲的了解，都从这些人那里开始，知道了尘世中还有梦幻的释放，精神原也能够如此表达。他们是在平凡岗位上还做一点审美之梦的人，这些人活得快乐、真实，世间常常是这些无名的艺术家描绘出来的。可惜这类的遗存，现在不易见到了。

　　自从到学校教书，与现实越来越远，借着读书去了解人世，有时候仅仅得到一点点的心得，社会这本大书，要解其一二，并不容易。所以，文章虽写了许多，不过一种书斋之语，对于世道人心有什么意义，总还是含糊的。好在我们还相信未来，在枯寂的日子点缀一下自己的生活，在失去旧梦的时候，还有耐心的等待，以词章的灵光照着夜路，也并非没有收获。我自己喜欢涂涂抹抹，大约与此有关。但若论有多大的意义，恐怕也很难说的。

　　我现在住的这个地方叫长椿街，小区建在一座废弃的明清的老园子里。旁边是长椿寺、龚自珍故居等，四周新旧建筑参差，而古树尚存。有时看见这些在旧时光里过来的遗存，想起前人的一些形影，便有皆悉空寂之感，书名取《椿园笔记》，亦无别意，聊作一种纪念而已。

　　《椿园笔记》为作者的评论与随笔文集，2018年1月出版。——编者

汪丁丁

普遍肤浅时代的阅读方式

我们生活在这样一个普遍肤浅的时代，中西皆同，只是有各种各样的名称而已。在卡尔博兰尼（Karl Polanyi）定义的"市场社会"（market society）视角下，这是一个"消费主义"时代。在利奥塔的"后现代知识状况"视角下，这是一个"叙事碎片化的时代"。在赫勒女士（Agnes Heller）的"现代性的后现代主义反思"视角下，这是一个"无根的社会"（foundless society）。在"网络社会科学"（social sciences of networks）视角下，这是一个"思维平面化的时代"。在"社会神经科学"（social neuroscience）视角下，或者在两千年中国官僚政治传统和韦伯"政治社会学"的批判视角下，这是一个"情感冷漠化的时代"。

通古博今的阅读方式，精要仍是熊十力《佛家名相通释》概括的四项接续互补的要素：分析与综会，踏实与凌空。容我引用十力先生原文："名相纷繁，必分析求之，而不惮烦琐。又必于千条万绪中，综会而寻其统系，得其通理。然分析必由踏实，于繁琐名相，欲一一而析穷其差别义，则必将论主之经验与思路，在自家脑盖演过一番，始能一一得其实解，论主，犹言著者。纵由悬空想象而施设之名相,但此等想象,在其思路中,必非无故而然,况其有据而非空想者乎!此谓踏实。若只随文生解,不曾切实理会其来历,是则浮泛不实,为学大忌。凌空者,掷下书,无佛说,无世间种种说,亦无己意可说,其唯于一切相,都无取著。取著意义极难言,学者须反观始得脱尔神解,机应自然,心无所得,而真理昭然现前。此心才有所得,便是取着境相,即与真理相。违此种境地,吾无以名之,强曰凌空。如上四要,读佛书者,缺一不得。吾常求此于人,杳然无遇。慨此甘露,知饮者希,孤怀寥寂,谁与为论!"在人生最落寞孤寂的时期,王元化向先生熊十力当面背诵这段文字最后两句,先生微笑认可。

在普遍肤浅的时代,我们见到的绝大多数文字,通病是"踏实"不足,也就是说,文字里毫无生命的气象,充斥着苍白的呻吟,或者原本鲜活的句子被网络搬运到无处不在于是丢失了生命体验的"官僚化表达"(套话空话假话时髦话)。若以熊十力的刻画,读者以自身全部生命体验冲击著者诉诸自身全部生命体验的文字,唯以生命相激,才有灵感迸发。然后可谈"凌空"——掷下书,无佛说,无世间种种说,亦无己意可说,其唯于一切相,都无取著。

中国的传统社会,梁漱溟的概括,即是"伦理本位的社会",表现为家族的、宗法的、"差序格局"的(费孝通、吴晗《皇权与绅权》),也可说是与孟子所言"爱有差等,施由亲始"的情感模式相适应的社会结构。我以前阐述过,一般而言,幸福感有三重来源或称三维空间:物质生活的(本质是"逐物而不返")、社会生活的(本质是"深层情感交流")和精神生活的(本质是"自足"又称为"自由")。当代社会生活,深层情感交流已退缩到家庭之内(如果还有家庭成员之间的深层情感交流的话),从而普遍可见,当代人的幸福感来源要么局限于物质生活(逐物而不返),要么局限于物质生活与精神生活所张成的二维平面之内。文字是社会生活的产物,文字从深层情感获得自己的生命。

有鉴于此,我建议的阅读方式,适用于我们这个普遍肤浅时代的,"首先"是直接阅读外文尤其是英文作品,这就尽可能避免了知识供给当中"最劣质"的供给——粗制滥造的翻译。不过,外文或英文作品也是普遍肤浅时代的产物,于是有"其次"的条件,就是尽可能直接阅读经典作品。我们常说"经典作品有强烈的生命力"(生命气象),究其理由,就是因为读者与作者"以生命相激"。这是荣格的符号学原理,符号的生命要素,其一是符号由以发生的"情境",其二是符号在指号之外从心灵感召而生的"意义"。情境与意义,相辅相成。无生命的阅读,是机械地浏览"指号"。无生命的写作,是机械地堆砌指号。"机械"与"心灵",古典的二元对立。

文字数量,每日每时,越是"浩如烟海",人与人之间以生命相激的概率就越是"渺若微尘"。我最常使用的英文文献来自北京大学缴费订阅的十几个学术服务器当中最大的两个:Science Direct(旧名称"Elsevier")——涵盖大约两千份"现刊"(以往十五年之内发表的和已通过评审即将发表的文献),和JSTOR——涵盖大约六百份"过刊"(以往百年或数百年之内的文献)。绝大多数是研究报告,堪称经典的不超过千分之一,思想史类的文章不超过总数的百分之五,其中令我感动的不超过总数的万分之一。思想史之外的学术文章,绝不意味着不能令人感动。我在课堂上推荐过至少两位经济学家的各自至少一篇学术文章,是令人感动的。

  国人如此忙碌,有多少人意识到忙碌的本质是"焦虑"?有多少人意识到焦虑是幸福感(内心宁静)枯竭的最初原因之后愿意在忙碌中停下来想一想自己的生命体验?有多少人明白了忙碌不过是"为人"而不是"为己"之后愿意面对经典"沉潜往复,从容含玩"?

傅 杰

朱正·周有光·数字

今年年初,112岁的周有光先生辞世;去年年底,85岁的朱正先生在海豚出版社出版了自选集《另册》。

这当然是两件无关的事,但朱正先生书中一篇十多年前的旧文,让我想起了周先生一篇三十多年前的旧文。而这两篇文字话题相关,观点相反。

朱文是对出版物涉及数字处往往须用阿拉伯数字的吐槽。

二〇〇〇年,罗新璋先生看到《开卷》引傅雷文,三天、四十年以上、五分钟被印成3天、40年以上、5分钟,于是致信刊物编者,称傅雷对汉字简化都有保留意见,更"死也不会写这种似洋非洋的阿拉伯中文的"。罗氏且直言"吾十五而志于学"与"我15岁上高中",这两个十五有何本质区别?而据相关规定,一汉一改,"纯是文改会胡闹"。这封信在第四期刊出后,引发了于光远先生的感慨,表态"本来用汉字或数码尽可以各行其是,无需以权利来干涉,由权力机构作出规定"。而至次年第二期,又发表了朱文,举了他的著作《1957年的夏季:从百家争鸣到两家争鸣》中引陈与义《临江仙》"二十余年如一梦",印出来竟变成了"20余年如一梦",不禁啼笑皆非:

为什么出版社这样执着地一见到汉字数字就改为阿拉伯数字呢？于光远文说，"据说不按照规定去作是要受处罚的"，这话我也听说过。既然上级管理部门有此硬性规定，阿拉伯数字就泛滥成灾了。所以于光远文说，这"是既不讲科学也不讲民主的一个典型"。

朱先生还不怀好意地滥用阿拉伯数字，貌似调侃地痛切呼吁：

新1 000年伊始，10 000象更新，新署长也已经到职视事，是不是可以重新考虑一下这个规定，也让中国的出版物少留下一点遗憾和笑柄呢。

朱文刊出后还得到了舒芜先生呼应。而时隔十六年，朱先生又以这篇已经收入过他的杂文集的文字编入这本自选集，应该是在他看来，这个问题仍然是当下的出版物中普遍存在而没有得到很好的解决的问题。

这个对出版物数字用法的规定，是由国家语言文字工作委员会、原国家出版局、原国家标准局等中央七部委在1987年颁布的。以此为基础，1996年国家语言文字工作委员会又出台了一个修订新规，要求"凡是可以使用阿拉伯数字而且又很得体的地方，特别是当所表示的数目比较精确时，均应使用阿拉伯数字"，比如公历世纪以及年代，比如时、分、秒等。这个规定当然是有效力的，此后书刊与报纸大多是依此来进行质量核查的，以至于出现了编辑因心有忌惮而矫枉过正的例子——其实朱先生文中举到的"二十余年如一梦"中的二十，按这个规定也是不能写作20的。

而在上世纪七十年代末、八十年代初,常见的情形却恰恰相反。1980年,《语文现代化》丛刊创刊,在第2期刊出周有光先生的杂文《阿拉伯数字禁忌》,称1979年的《抖擞》杂志有文批评《光明日报》上的《历代人口统计》,通篇一千多个汉字,其中四百多个是汉字数字,占全文40%;不用一个阿拉伯数字,如"五千八百八十三万""四千七百一十一"之类,浪费纸张,浪费笔墨,浪费读者的目力与时间,据说这是此前规定的编辑守则,须把文中的阿拉伯数字改为汉字。周先生对此大不以为然。不料过了不久,阿拉伯数字禁忌落到了他的头上;他在1979年6月的《中国语文》上发表的论文《现代汉字中的多音字问题》,其中有不少数字,还有百分比,被杂志编辑辛辛苦苦地改成了汉字,如78字成为七十八字,11%成为百分之十一。以名著《汉字改革概论》享誉士林的周先生抗议:"《中国语文》一向提倡文字改革,怎样也搞起阿拉伯数字禁忌来?"

真是三十年河东,三十年河西。

看看朱先生的文章不无道理;而看看周先生的文章也不无道理。于是只好骑墙,看来还是中国古人的无过无不及的中庸之道最具智慧。在可以不那么严格的时候,表述上是不是可以给予适度的空间,让作者与编辑便宜行事。例如我就不太明白,为什么20世纪比二十世纪好,80年代比八十年代好,写成八十年代与八〇后读起来是不是还更容易准确一些?写成二〇〇〇年是不是比写成2000年更不容易引起误会?而在可以节省纸张、节省笔墨、节省读者目力与时间的时候,自该写成4711与11%。我们是否也可以如于光远先生所建议的那样,在必须严格管理的地方一丝不苟,在无需锱铢必较的地方不把规定做得过细过死。

林行止

"荣誉羊皮"效应

三十年前,有经济学家称那种以文凭作为进入社会敲门砖的举措为"沙纸效应"(Sheepskin Effects)。香港人称"证书"(Certificate)为"沙纸",直译应该是"羊皮效应",古时候西洋学术文凭及专业证书多以羊皮制成。

经济学家都是"俗人",谈学位竟从金钱入手!据他们的实证研究,"沙纸"的确有"商业价值",中学毕业和大学毕业的所谓"教育回报"(returns to education),在劳工市场清晰反映;"沙纸"等级的高下(如博士学位和职业证书),在一般情形下,与持有者所获报酬成正比。事实上,大家都有这样的经验,求职者出示一张名校的"沙纸"(当然愈高级愈妙),等于向准雇主(招聘者)发出"我是(某学科某行业)精英"的讯号,劳工经济学家为此写成"讯号经济学"(The Economics of Signalling)……

钱锺书在《围城》中曾说:"这一张文凭,仿佛亚当、夏娃下身那片树叶的功用,可以遮羞包丑;小小一方纸,能把一个人的空疏、寡陋、愚笨都掩盖起来。自己没有文凭,好像精神上赤条条的,没有包裹。"可知社会不论新旧中外,"沙纸效应"均发挥了正能量!

"沙纸"既然有这么多"功量","真沙纸假学位"的证书便应运而生——这便是所谓"荣誉学位"。概略来说,"荣誉博士"为牛津大学于1478年所发明,第一位获颁此"羊皮"的是英国天主教圣彼得堂主教胡威尔(L. Woodville)。他于私邸(当年尚未有公开仪典)接受"沙纸"后不数月,便答应出任牛大校长(Chancellor)。牛大挖空心思创此新猷,目的在笼络权贵,当朝的爱德华四世正是胡威尔的妹夫,和他拉上关系,等于为牛大开启通往"上流社会"的一扇门户。牛大当然因此获得不少"方便",尤其在胡威尔兼任校长之后。由于向"名流"颁授荣誉学位有"互惠互利"作用,牛大遂使之成为年度常态,而且十分慷慨,仅1642年一年,便颁授不同学科的三百五十个"荣誉博士学位"。

牛大颁授第一个"荣誉学位"后二百多年的1692年,于1636年创校的哈佛也颁发了第一张"荣誉羊皮"——把"荣誉神学博士"授予在英国殖民地麻省政教事务上举足轻重、1686年兼任哈佛院长(Rector)的马达(I. Mather),数天后他便升任哈佛主席。自此以后,哈佛年年送出"荣誉博士"学位给对该校"有贡献"的社会贤达。所谓"贡献",指的当然是捐款,对此校方并不讳言。当然以象牙塔特有的委婉文字出之,引来不少希望"被荣誉"的有银士,纷纷致函校方(当时仍无专责筹款的职员),曲笔说出"心声"。校方的确从中发掘了不少"热心教育"的社会贤达,因此收获甚丰,校产日富。见哈佛搞得有声有色且有实利,其他大学遂争相效尤,至1889年,全美二百五十余家高等学府,一共颁发了三千七百一十八张"荣誉羊皮"!

如今"荣誉博士学位"已不仅颁给热心教育事业的"善长仁

翁",能吸引传媒注意尤其是令学生和家人开心令毕业礼充满欢乐气氛的艺人,亦成授予荣誉学位的热门对象。显而易见,相关大学因此"名利双收"(捐款源源流入外加上传媒全面报道)。二十世纪以还,"荣誉学位"遂成为大生意,统计显示耶鲁、宾州和布朗大学,迄去年底,已分别送出二千八百零五、一千七百二十二和二千零三十张"荣誉羊皮"。大学固然袋袋平安,由于知名艺人有大量"粉丝",极之"吸睛",它们同时成为家喻户晓的名字。

数据显示,"荣誉博士学位"数量有愈来愈多的趋势,而"艺人"竟然是有关大学极力争取的人选。三届奥斯卡金像奖得主梅丽尔・斯特里普有四张"荣誉羊皮";写了七本《哈里・波特》的罗琳有七个这种学位(每书一学位!);最近性侵官非缠身的笑星、本身为教育学博士(1976年麻省大学阿默斯特分校)的比尔・科斯比(Bill Cosby),更有一百多个"荣誉博士"学位(不少于被控告后为校方"注销")——他获"奖"的条件是在毕业典礼上发表演说。这位著名喜剧演员的发言令座上客笑作一团,营造了"宾主尽欢"的场景,他因此荣誉学位"袋完再袋"。

和不少人以为"荣誉博士学位"有"沙纸效应"因此印上名片作为"招牌"不同,西方社会这种现象似不多见。这一方面固然是一般人对象牙塔的敬重而不想非分沾光,另一方面则是很多大学都迂回曲折地"不鼓励"获这种学位的人以之"行世",大学最常用的句子是"把荣誉博士冠于名字之前,并非传统习惯"(It is not customary, however, for recipients of an honorary doctorate to adopt the prefix Dr.)！老实说,"荣誉学位"并无"沙纸效应",因此不应"献世"。

梁永安

女性的《敦刻尔克》

昨天忙忙碌碌,夜里放下手头的事,去万达影城看《敦刻尔克》。梧桐树漏下的灯光里飘着小雨,不打伞走过去,晚风好清凉。一路上有些担心,这片子会不会像《珍珠港》,炮火满天中开了一朵英雄美人花,战争仿佛是为了催生最凄美的爱情?这庸俗的套路不知害了多少电影人,导演诺兰的特立独行,如何顶住电影工业的圈粉本能?

不到两个小时的影片,结束时没有马上站起来,似乎片子还没放完。一部完全没有女人的战争片,从开始到终场没有一次笑声,没有一个人中途离席,人人陷入黑洞一样的静默。钢锯般颤动的音乐穿过每一个镜头,随时都可能戛然而止,如同敦刻尔克每一个官兵的命运。诺兰淋漓尽致地发挥了自己剪辑大师的才华,视觉在陆地、海上、空中穿梭变换,释放了电影语言的自叙事能量,把一部没故事的影片拍得浓重而空灵。什么是电影?什么是"形式即内容"?这部片子是强大的阐释。

然而真正让我内心震动的并不是诺兰的电影美学,而是影片的性别意识。40万的英法将士一路溃退,最后惶惶聚集在敦刻尔克海滩,其中没有一个女性。这和真实的历史当然不一样,电影已经把她们过滤了。诺兰要拍的是一部"绝望的男人们依靠谁",这个危机瞬间激发了英国全部的力量:国家机器、陆海空三军、镇定的将军、勇猛的飞行员、无畏的老船长、浩浩荡荡的民船……一个庞大的系统轰隆隆运转,每一个环节都是男人建立和操控的。惊慌失措的撤退男兵都不会失去"组织",他们既然被编入了军队的序列,就有了明确的位置,男人编织的大救援的网络,会不顾一切把他们捞出来。

这就打开了另一面的问题:绝望的女人依靠谁?这问题似乎很空幻,因为历史空间中没有40万女性全副武装汇聚海滩的壮观景象。从本质上说,当时女性是分散的,没有自己的独立组织,都是通过家庭纳入到社会体系。但是在现代社会,独立的女性越来越多,她们环望世界,孤独感油然而生,精神上的"敦刻尔克"直逼眼前。福楼拜《包法利夫人》中,艾玛的痛苦是现代女性的先声:"一个男人,至少是自由自在的;他可以体验各种激情,周游整个世界,冲破艰难险阻,去尝一口远在天涯海角的幸福之果。而一个女人却处处受到束缚。她既委顿又驯顺,她身不由己,体力既弱,法律上又处于从属地位。她的意志,就像她的女帽上用细绳系住的面纱,随风颤悠晃动;时时有某种欲望在掀动它,又时时有某种礼俗在牵住它。"这种感觉,在电影《包法利夫人》中归结为一句话:"世界为什么离我这么远?"

生活中也认识一些自由而丰富的女性,她们绝不从属于男性的身影,以自己的创造性和专业性拥抱广大的世界,令人钦佩。但不得不说,这样的人还是太少了,不足以构成拯救女性"敦刻尔克"时刻

的强大社会系统。《挪威的森林》将近收尾,渡边回忆自尽的美丽女子初美:

> 天地间的一切全都红彤彤一片。我的手、碟子、桌子,凡是目力所及的东西,无不被染成了红色,而且红得非常鲜艳,俨如被特殊的果汁从上方直淋下来。就在这种气势夺人的暮色当中,我猛然想起了初美,并且这时才领悟她给我带来的心灵震颤究竟是什么东西——它类似一种少年时代的憧憬,一种从来不曾实现而且永远不可能实现的憧憬。

为什么"从来不曾实现而且永远不可能实现"?这不是宇宙定律,而是自由女性每时每刻都处于敦刻尔克,后面追兵如云,前面不见来船。

胡晓明

年画与中国美学精神

年画是道地的民间艺术。《红楼梦》中的刘姥姥说:"我们乡下人到了年下,都上城来买画儿贴。时常闲了,大家都说,怎么也得到画儿上去逛逛。"刘姥姥我没见过,可是每年的年关,到家来送腊肉糯米粑的乡下亲戚,分明是买了大卷小卷的年画回去。乡下人过年,没有年画就像城里人过年没有春晚,西方人过圣诞节没有圣诞老人一样的不可思议。

年画极富于中国古典美学。第一个特征是明快响亮。就像鞭炮的声音,干脆爽朗,老远老远就听到了。大红大黑大绿大黄随意跳跃,洒脱得很,有啥说啥,一点都不矫揉造作。年画最擅长于制造气氛。一看见年画,不由自主地让人感到热闹,感到过节的气氛,感到喝酒的兴奋。年画不仅能提人的精神,还可以提房间的精神,提窗户、大门、院子的精神。左右两扇黑漆大门上,分贴两张门神,一个黑脸浓髯的尉迟恭,一个白面疏髯的秦叔宝,金盔甲胄,钢鞭银枪,老远一看,嘿!整个房子都神气活现了。试想,换成八大山人的山水,齐白石的写意,行不行?必定奄奄欲绝,气如游丝……

第二个特点是,年画有文人画刻意追求而求不到的拙味。人物不讲解剖，楼台不讲比例，款式随心所欲，图案天真清新。像儿童的涂鸦，如道士之画符，总是好看。我看张艺谋的电影，最不喜欢他故意玩弄红颜色。其实在年画的世界里，黑颜色也天真活现得很，好看得很。年画里的老头、小孩、英雄、侠客、贤母、义女、神仙、佛陀，造型都很稚拙，使人有一种亲近之感。年画绝不清高，无须精工裱糊，也绝不待在玻璃橱、博物馆中。片纸一幅，可大可小，随意可贴：灶头、窗旁、门楣、炕围、衣箱、碗柜、灯帘、桌屏、米缸、水缸、粮囤、牛棚、马厩，再也没有比年画更随俗、更生活化的艺术了。年画与日常生活的关系，水乳交融，是最自然和谐的中国环境艺术。旧时，年画常贴于市井街肆、茶楼酒馆、药房布店、剃头担子、豆腐摊头，犹如现代的广告海报，但又绝无铜臭气。只是图个热闹好看而已。

　　最后，年画有中国智慧。吉祥瑞庆、福寿康宁、风调雨顺、五谷丰登、莲生贵子、喜叫哥哥、盼子成龙、积善消灾，普通人的做人态度，代代相传的价值观念，都是年画"天不变道亦不变"的内涵。有一幅年画给我印象很深，题目是"老鼠娶亲"。书中的老鼠吹喇叭抬轿子，神气得很。几对灰的，几对黄的，姿态极好玩。故事是这样的：老鼠有个美丽的女儿，想把她嫁给世上最有权势的人。先是去求太阳："太阳，你太伟大了，娶我们的小老鼠做妻子吧？"太阳说："不行，我怕乌云，乌云一遮，我就完蛋了。"老鼠又找到乌云。乌云说："不行，我怕风，风一吹，我就完蛋了。"老鼠又找到风，风说："我怕墙，墙一挡，我就完蛋了。"老鼠又找到墙。墙说："我怕老鼠打洞。"于是老鼠们想，最有权势的，只能是猫了。老鼠便抬着轿子，吹着喇叭，把美丽的小老鼠嫁给猫。在过年的气氛里，能与自己的宿敌也和谐一气，这幅年画，让我回味了好久。

曹景行

从手抄书谈起

最近整理上海家中旧物，翻出一包复旦读书时的笔记，本来就灰灰的纸张早已变黄，很容易就产生怀旧感。最让我感慨甚至要佩服自己的，是那几本手抄书的笔记本——那时候怎么会有如此决心和毅力，一个字一个字地将整本书认真抄下来，一本抄完又接着一本。其中印象最深刻的，是《光荣与梦想》第一册。

美国记者和作家威廉·曼彻斯特写作这本书时，一定想不到会在太平洋彼岸的中国知识界产生如此之大而长久的影响。2004年《光荣与梦想》中文完整版在中国发行，曾任中国社科院美国研究所所长的王缉思教授（语言学家王力之子）为书写序时就有"时隔二十五年，恍如隔世"之叹；时为上海交通大学人文学院院长的江晓原教授则说："二十七年前我读到一部奇书，它曾经如此打动我，以至于当时我经常在屋子里大声朗读书中的段落——这就是《光荣与梦想》。"

两位教授都与我差不多年纪，也是差不多的时候才有机会进大学读书。可以说，《光荣与梦想》影响了我们一代人，连书名这五个字后来也成为不同场合的常用语。我大学读历史重点放到了美国当代史，毕业论文以美国上世纪四五十年代的麦卡锡主义为题，离开大学后又转向美国经济研究，都与这本书的刺激有很大关系。只是，我最早买到的是它的第二册，打开读了第一页就放不下；后来又出了第三和第四册，都是买到就看，但就是没有第一册。

好在复旦大学老师有这本书，班级辅导员傅老师好不容易帮我借到一本。我拿到书就决定尽快把整本书都抄下来。书上的字很小，但一边抄一边看一边思考，印象就特别深刻，等于把美国三十年代大危机前后的那段历史细细地过了一遍，比正式上课还有效。后来《光荣与梦想》再版，我买下第一册时更多的是当作一种纪念。接着我又抄读了英国军事战略家利德尔·哈特上尉的《二战史》，上下两册，很大程度上颠覆了我过去从苏联著作中得来的二战史观。

实际上，我抄书的本事是从初中开始练就的。那时候书少，好多从图书馆里借来，看到特别有意思的内容就喜欢在本子上摘录几段；倒不是像现在有些孩子为了写文章时引经据典，就是怕以后再想查看找不到。渐渐的，抄的东西越来越多、越来越长也越来越严肃。我还抄过毛选，大概抄到第三卷。下乡那几年继续抄东西，抄了再转寄别人，跟今天微信里面转来转去差不多。

对我们祖辈来说，抄书本来就是读书人经常做的事情，无非因为印刷术不发达，书少且贵。我受初中老师点拨开始抄书，除了可以对看过的东西留下记录、加深印象，还可以收心和练字。我从小就不喜欢认真写字，经常因字迹潦草被老师批评。抄书确有效果，后来的字就不那么难看了。更加长期受用的，是写字速度加快了，读大学时用不了几天就能抄一本书。

读大学后除了抄书，还要抄做卡片。在影印技术普及之前，做研究的人一定会做卡片,也就是把有用的文字、数据记在今天手机大小的卡片纸上,便于整理、归类和更换。学生在谈到某老师的功底时,或许就会提及他积累了多少万张卡片。我做大学毕业论文时就做了上千张卡片,塞满两个装皮鞋的纸盒,动笔前后不时需要翻看。

因为对美国问题感兴趣,除了越来越多看英文资料,我也做了不少英文卡片。到社科院工作后,成天泡在外文资料室,做一百张一扎的卡片用不了几天。那时影印机还不能随便用,难得印几张需由研究所有关主管批准。后来有了一部台式电脑,大概是美国某位学者赠送的,有专门的恒温房间、专门配备的电脑员伺候,一般研究人员碰都不能碰,据说主要用途也就是每个月打工资单。

英文资料抄多了,我想到学打字。研究所办公室有一台闲置的英文打字机,我向打字员借来,就开始噼噼啪啪学起来、打起来,没多久就可以代替手抄做卡片,打字速度也越来越快。好在平时来办公室的同事不多,不然一定会受不了这种自动步枪连发般的噪声。

除了做英文卡片,我看到特别有意思的英文参考书也会打下一两章,甚至整本,就当做练习打字的教材。这样做看起来有点像消磨时间,没想到几年后我去香港《亚洲周刊》打工,正遇上新闻出版行业的革命性变革,英文打字成了我生存和竞争的优势。那时世界各地的中文媒体普遍转用"北大方正"排版技术,原来的排字房被电脑制版取代,记者编辑也感受到电脑化的压力,开始自学电脑打字改稿写稿。公司没人教你,也不会给你时间和学费外面去培训,只有自己利用下班后、放假日学起来。基于已有的英文打字技术,我成为编辑中第一个直接用电脑写稿的,也难免对其他同事有所推动。那时我已经四十五六岁了。

到香港工作后，我没再抄录过什么，影印实在太方便了，要什么就印什么。凤凰卫视同事都知道，每天一到编辑部我就会拿着一堆报纸杂志跑进影印间，再拿着厚厚一叠印好的东西出来。时间久了，我对如何对付影印机的小故障也略知一二，竟然获得了"影帝"的称号，还被陈鲁豫写入书中而外传，当然与周润发、梁朝伟远不是一回事。

如今，影印机也用得很少很少了，需要什么资料大都可以在手机上找到，连笔记本电脑都不用随身携带。但也不可能再有当年抄书时那种认真甚至带点庄重的感觉，也不可能像当年那样把想记住的东西一笔一划刻录到脑中。以后如有空暇，我也许会重新开始抄书或抄录别的什么，至少可以延缓脑和手的退化。你会试一下吗？

陈　村

它不仅仅是通俗文学

冬日，我们收到了北京大学网络文学研究论坛的许多来稿，奔走相告，喜笑颜开，顿生暴发户的感觉。

该论坛的指导老师是邵燕君，她曾带着同学们来我家采访，之后发来《网文新观察》自创刊至今连载的《中国网络文学大事年表》。这份年表难能可贵，其中也许有错记，有漏记，这不要紧，可以修订，重要的是终于有一个基础的文本。网络文学仅仅十多年，它的历史已扑朔迷离，还不赶紧记下以后更难以搞清。我们首先需要知道发生了什么，看见了什么，什么正在进行和变化，所有的研究应从最基础的工作做起，然后才是评论。吃苦耐劳，肯坐冷板凳，他们从那么琐细的工作开始，甚至去编词典，这样的精神令人钦佩。有他们的介入，网络文学的研究才成为一门学科。按惯例，文学批评是不操心通俗文学的，让读者用脚去批评，但网络文学既然已成为这样一个大现象，至少应该给予社会意义上的批评，况且，它不仅仅是通俗文学。

在理论部分，有近五年来的网络文学的发展，有2016年的网络文学概论，对只有十多年历史的网络文学，五年很漫长，光怪陆离沧海桑田，一年也足以翻天覆地。邵燕君等人残酷追杀，犹如原野上的狩猎。他们已杀出国界,阐述在全球媒介革命视野下的中国网络文学如何影响世界。这里不仅有时间的坐标,也有地理的坐标。不仅有对类型小说的研究,还有对网络上非类型小说的观察。

吉云飞和薛静的文章,从穿越题材论说,穿越到古代,穿越到救亡,小说主人公在时空中自由移动,但还是受制于现实种种。"和许多女性向网文一样,希行的作品,都是以女性作为主人公,但不同的是,婚姻不再是主人公一生故事的终点,爱情也不再是主人公命运发展的主线。"小说作者像盗墓者,挖掘历史,比照现实,寻找文学的突破口。这些批评文章跟下面要谈的论文一样,最困难的是广泛的浏览,全局的视野。网络文学浩如烟海,小说长而又长,令人望而生畏不战而溃。只有这些满怀热情的年轻人肯犯傻去当网文批评的先锋。

这期的重头栏目是讨论女性主义的问题。尽管我认为性爱和它的最佳呈现形式无解,永不可能完美,是上帝的陷阱,但这并不表示人类的挣扎和讨论是无意义的。

网络文学分为男频女频,女性是网络读者的主力军,忠实度更高。在作者与读者的合力下,她们另外开创一个世界,在她们的世界里,不仅有我们之前介绍过的《芈月传》这样的作品,女性是英雄,要打出新天地,也有像肖映萱那样以耽美文为例的小说,从女性的视角重塑男性的模样,抚爱地恨铁不成钢地批判男性,这也许是一个白日梦,但是,谁敢说白日梦是没有意义的?

高寒凝用我们熟知的花木兰的典故,来观察今天网络小说中的独生子女一代。在那篇我们耳熟能详的古代经典作品《木兰诗》中,本来并无独生一代的设定,木兰无长兄,但有磨刀霍霍向猪羊的弟弟,有姐妹。但木兰毕竟是孤独的,要替父替男人去从军了。当代的女性，在社会，在家庭，都有一份沉重的责任。今天的木兰们，仍将走出闺房，接受无性别差异的训练，充任社会角色，直到最终被拽回宿命的家庭，扮演人妻，繁衍人类。这样的周折，令她们难以适从，也使得今天婚姻的价值观有了破绽。

面向社会和面向上帝。上帝的要求，就是基因的要求，不分青红皂白，传承就是好的。但自从走出伊甸园，人类就开始耍滑头了。男人是看不住女人的，皇上用太监看守后宫显得那么滑稽还那么悲壮。普通男人无师自通地用孩子看住女人，一胎一胎地生，截止于我的上代，生育十个八个孩子不是个例。惠特曼说：女人哟，你们是肉体的大门，也是灵魂的大门。他没说的是，你们是关不上的大门。你们善良你们有爱心你们不在乎男人但心疼孩子。列夫·托尔斯泰决绝地写出安娜·卡列尼娜抛弃爱子私奔，令许多蠢夫愚妇极为愤恨。这一笔并非没有意义。怀一个抱一个，何奔之有？自从发明了避孕药和其他避孕手段，女性从器质上获得真正的有普遍社会意义的解放，拥有主动节制生育的可能。有了选择的可能，思想更沉重了。

社会性现代性可能跟人的天性相违背。个人的要求，受制于社会压力，要在社会扮演各种角色，社会辅以物质和精神的引诱，令人欲罢不能。在生理准备好后，女性赔上一倍的时间放空繁育子代时间，静候35岁高龄产妇，45岁之后渐渐告别生育。上帝令人类付出那么大的成本的生殖系统成为今日社会结构的累赘。我曾做过烂尾的"陈村备课"工程，写到木兰回家那段时，觉得有一种情感的涌潮，"开我东阁门，坐我西阁床。脱我战时袍，着我旧时裳。当窗理云鬓，对镜帖花黄。"镜头跟随木兰，一步步地进入家院，闺房，旧日的生活重新打开，令人有点恍惚。

王玉王研究的虐恋到甜宠，修仙小说修来男人的做小伏低，这个爱情模式比当代现实中的爱情更完美么？小说只是我们现实的一种映象，人类一向善于虚构爱情，"对于在现实生活的爱情、婚姻之中极度缺乏安全感的女性读者而言，甜宠修仙文以设定架空现实，营造了一方理想爱情的异度空间，让她们得以浸润其中，在男女主人公的甜蜜日常中自我宠爱，在抚慰现实焦虑同时重新熟悉于平等、坦诚的爱情关系。"尽管被上帝诅咒了，走出伊甸园之后不可能有一种完美的方式，但人们不甘心，还是在小说中探索，主人公用自己的生命去寻找更完美的路。

从这些带有女性主义色彩的文章中，我们可以看到作者们认真思考今天，企图用自己的笔来描述人类的、女性的心情，描述他们的愿望、欣喜和挫折。当心灵的挫折出现的时候，我们就不能将它仅仅视为一种文字游戏，我们也看到，类型小说变化中，寻找新的突破，它的触须延伸到我们往日的视野以外。

这是一个年轻的团队，一个生气勃勃的团队，垦荒中情感充沛，视野广阔，在学业上专心。他们不知道自己做的是重要的开创的工作，就像当年写网络文学的作者不知道自己走上了另外一条路。他们那么年轻，天天赖在我从没去过的北大，读硕士读博士，像合影中那样开心着。这是如花的岁月。感谢他们赐稿，本刊以刊登他们的合影作为快照，等待他们回顾自己的身影。

编完这一期，就是中国人的过年了，祝各位读者朋友新春大吉！猴年的刊物编完了，我们鸡年见。

本文是作者为网络文学批评电子刊物《网文新观察》2016年第5期所写的"编后碎语"。——编者

李 皖

口袋里装满天塌不怕的死性?

苏运莹专辑《冥明》是最近几年,流行音乐的一个奇迹,如果流行音乐还有奇迹的话。当然,"奇迹"前面,最好加上一个定语,"灾难性的"。

《冥明》完全是一个人内心天性的爆发。说得更高级、更透彻,是天才的爆发、灵性的爆发、神性的爆发。人人皆有这种天性、天才、灵性、神性,至于有多少,水平多高,程度多深,可能因造化不同因人而异。但人人皆有,应该是无疑的。

在人生最好的年华,出于生命自身的奇迹,人都会有一些特别奇妙的时刻,特别灵性的感悟、特别激荡的情绪汩汩流出,像开了个泉眼——一方面自我感动,一方面天人互感,感天感地感人。如果把它们都说出来,都唱出来,都录出来,了不得!当各有妙意,妙意连翩,鲜美无限。但问题是,它们基本上是混乱的。由于心智此时在将灭未灭、将生未生、将有未有之间,要表达出来不容易;即便天才妙意迭出,哪怕巨量、飞速地喷涌,但要让它们以令人信服的形式具形下来,很难,非常难。

《冥明》是侥幸具形下来的这样一个样本。一方面,它充溢着天才和灵性,仿佛天公抖擞,不拘一格,落下天雨如小溪,如漩流,如泛滥的河床洪荒,如汪洋大海;另一方面,这作者却又像是一个文化盲流,一位语文尚不及格的中学生,在歌词表达上到处留下灾难,随处是辞不达意、表述不清,是别字病句、拙劣修辞、生砌乱造,是残垣断壁、七孔八窍、漏洞百出、以其昏昏……

《冥明》制作发行于2015年底。这一年,苏运莹这个生于海南岛的黎族妹,刚凭着一首《野子》从草根间脱颖而出,获得央视《中国好歌曲第二季》年度亚军。据说,刚接触《冥明》这张专辑的歌曲素材时,制作人陈建骐觉得"没法做",苏运莹的创作过程和音乐风格,太不靠谱……

这是个能唱爱跳、光脚不怕穿鞋的"野子",自己作词作曲,却完全不懂乐器与和声。在《中国好歌曲》舞台上,多数选手都有长期创作经历,惟苏运莹,只是在一年前突发奇想,"想要为自己的一点小想法安个家"——第一首歌曲就这么来了。创作对她来说,就是"先把词写好了,看着词就唱,在哪里停、哪里拉长,都是随我自己"。

接下来发生了什么?不得而知。我们看到的结果是,这"没法做"的专辑,经由制作组的配合、合作、编曲、再造,居然做出来了!做成了这一个"灾难性的奇迹"。

《冥明》中的十首歌曲,其句法、旋律均给人不落窠臼、完全新异的感受,并且,它们连绵地舒展,恰如同歌者的心绪本身。苏运莹的唱,就像是一颗心不可遏制地要爆裂,要爆炸,要以咆哮撞击天地。但即便是这样讲,仍然只是得之皮毛。不夸张地说,通过词、曲、唱腔、演唱的全新创造,苏运莹触摸到了一种完全个人化的歌曲新美学,那么大胆,那么勇敢无畏,那么不知羞耻,完全是——敞开了自己,敞开了一颗来自旷野、还带着点儿乡土气的少女心,那是一片纯良、壮美的、野蛮的、草木翻涌、五色斑斓的处女地!

一开场,《冥明》(同名歌曲),即展示出歌唱的本意——因为这生命、为了这生命,放歌!放歌是什么?放歌就是心里有了涌动,这涌动慢慢积蓄、溢满,终于到承受不住,爆发——以最大的音量,最阻挡不住的情感,喷薄,直上云霄。《冥明》简直就是这个过程的具体、细微的呈现。当歌手经过了海鸥、眼睛、海洋、金沙、巨浪的一层层观照,经过了老虎、眼睛、森林的进一步想象,生命,是的,野蛮的生命,就像老虎冲破了囚笼,奔跑、跳跃、突围而出,"洒脱"!——这两个字,小钢炮一般被激情发射,直入海洋之上、云天之中,然后连绵进入那连篇而来的、如同迷幻的想象体验:蚂蚁搬食物回家,燕子归途把气味洒在村庄,垂帘之绮丽和昙花之一时灿烂——这些,都是少女心中最美好的事物。

生命的盛筵。感受、享受这生命的盛筵。释放乃至引爆,这生命的盛筵的情感。每一首歌都像是这样,每一刻都像是这样。《精灵》的灵感、心潮起伏,如此美妙,一层层呈现,呈现之境之真之美,让人信服。当它高高低低,起伏不定,终于按住了心绪,想到自己其实是如此幸福,竟是一个心仓满满的富人!那一刻,那种低回,那种领悟,仿佛让自己掉下泪来。"经常从一个一个一个一个一个一个/天亮的尾巴/等待着一个一个一个一个/脉搏的悸动",多么美妙的感受,多么连绵舒展的乐句!当第三遍唱到"滚石暴风而来 滚石破霜而怒",你听听那声音,听听那声音里那颗暴怒的野蛮的心,这完全不同的唱腔,这完美抵达的演唱力度!

这生命欢畅的自赏,这美的本能体验,自不可能一马平川、一泻千里、总是欢畅,《倒挂金钩》诉说了与这人间、与周围人不解的冲突,诉说了这自由心灵的苦闷、彷徨、犹豫和自疑。当然,最终,她再一次地突围出去了,去拥抱自己,拥抱胜利。那一段全唱片中最严厉的,激动得仿佛要哽咽、要怒叱的,强悍得如同豫剧花木兰的唱腔,咆哮唱出了这野蛮美少女表达最痛快、展示最充分的一段美学宣言和生命主张:

我是梦游的宇宙
我是宇宙的宝贝
我是痴狂的梦想
世界很冲突　我享受破坏
而我是那　扬着头的　一寸火药
我是自己的一片天空
我是伟岸的心头
我是自己的一片蔚蓝天空
我是伟岸的心头

好吧,来看看这宇宙宝贝、伟岸心头制造的灾难。通观全部歌单,我们简直奇怪,如此混乱不通、如此错字白字乱飞的歌词,是怎么被制作人、导师、唱片公司层层通过的?怎么能够被印出来,怎么能够发行?

鉴于别字病句实在是满纸横行,数不胜数,仅就上面无保留赞美的几首歌的歌词,试举几例:

"不求驯丽　只为洒脱"——实在是"不求绚丽　只为洒脱",

且作了台湾式的、念白字的发音。(《冥明》)

"满载车船　我可以当／心仓马龙的富人"——实在是"满载车船　我可以当／心藏马龙的富人",至于生造词汇的错,暂且就不说了。(《精灵》)

"以为只要拿起了船舵／身边的野兽为我搭起桥阶"——实在是"以为只要拿起了船舵／身边的野兽就会为我搭起桥阶",另外,"桥阶"生造词汇;"我长满刺　我赏翅膀"——实在是,"我长满刺　我生出翅膀","赏翅膀"啊,也真敢写。(《倒挂金钩》)

这里还没指出那些病句,那些拙劣的修辞、无序的逻辑、混乱的表达。由于通篇都是这么一种文字,苏运莹的歌,时常让人不明所以,不知道她想要唱什么。但是,公正地说,虽然语句很混乱,想法很突然,思路乱窜,其实,这每一首歌的走向,却又是能够意会,大体明白的——只要你也懂得那人生初年的内心野性,能进入那片莽莽心境。

《冥明》(同名歌曲)是一个海边少女的生命体会。可能这体会不是一天,而是日复一日、年复一年,望着那片海洋、海浪,幻想着,联想到自己这一生,涌起一股要追求生命自由绽放的自我砥砺之志。

《香香的幻想》是少女的恋爱白日梦,生于日落,迷于花香。真美好啊,这幻想的、没有爱情对象的、像是与香气缠绕厮磨的爱情缠绵想象。

《精灵》是困惑于世间利益争斗,但最终决定将自己脱困而出,去洒脱拥抱更辽阔自由的生命。了悟的这番情境,可能是在海边,许多个日子里,在黎明,等待着日出和天亮。天亮了,太阳出来了,如巨石滚雷占领和震撼天空,我心澎湃,又渐趋平静清澈。

《光良里只有意会》是年轻的心的自我说服。也许遇到了感情的挫折，遇到了弄不懂的事，遇到了无法辨清的真或者骗……告诉自己，一遍遍告诉自己："总会有答案，莫心急。"其实这一刻，这许久，很难摆脱啊，一直在那个反反复复的纠缠里，难以自拔。

　　《2-0+1》，讲友情，两个校园少女的友情。一幕幕，一出出，都是故事，都是美好。听着歌声，仿佛能听到少女死党的笑声回荡，在人生的青涩岁月里。"我们的故事比山河更壮丽"，这样的自我赞美，也是够了，但它发自激动得无法自抑的心，所以，竟也能拨动听者的认同。

　　《空人得坚强》，"空人"，生造词汇。大概是想说孤独的人得坚强，脑中一片混乱的人得坚强，混乱得一片空白的人得坚强。一段心理独白，难过啊，但是得渡过。

　　《复》，"今天我被自己的敏感灼伤"，这句话真感人。这整首歌曲的旋律，唱出来的曲折婉转舒展美妙，真感人。同上一首一样，歌手在自我说服。啊，这整张专辑，都是在自我说服。反反复复，辗转反侧，摆脱不掉，难以自拔。是啊，我怎么还在这里"烂想"呢？走开！痛是伟大，有痛最美……

　　《宝贝》，这唱片的最后一首，一幅自画像。美啊，它可真美得心碎，美得让人垂泪。我们知道，我们都看得到，苏运莹外貌不漂亮，但是在心里的那个她，是多么地漂亮啊！"外表只是个玩笑"，上帝开的玩笑。灵魂的苏运莹，其实有漂亮的容颜，美得惊心动魄。"如果你发现我/你会爱上我"！《宝贝》是一篇自信、卑微、祈望又坦白的情书，给所有的人，给那个未来可能的伴侣。这情书主人相信自己的美丽，相信你会被打动，相信你会幸福——就像星星总会为月亮闪烁一样,她会陪伴着你,爱着你。但她又怀着担心,担心外表的阻隔,担心自己不够自信,担心自己的固执和坏……

奇妙的专辑。《冥明》是一张奇妙的专辑,折射出眼下这个奇妙的时代。一方面,组织、规则和制度,以及代表着它们的责任主体和个人,放弃了规范和修剪,令芜草丛生,令混乱和错误也可以上台面;另一方面,正因为这组织、规则和制度的涣散、松懈,因为这秩序纷乱、纲常失散,自由妙意竟得以恣肆奔放,纷繁涌出,彻底摆脱了捆绑和桎梏,像海潮一样,一层层洪波涌现。"海鸥眼睛占满海洋/海洋怀里积蓄金沙""老虎眼睛占满森林/森林怀里积蓄辽阔",这样的粗野诗句和放肆修辞,确实也包括着想象和意象的奇妙。

在《倒挂金钩》里,苏运莹唱:"可能是我可爱的嘴脸/口袋里装满天塌不怕的死性"。这句话真有标示性!"口袋",是小的。"天塌不怕",是的,这歌曲这心性这自由,确实是天塌不怕。"死性",生改词汇,不通,但我们都明白她究竟要表达什么。

所以,我把它用作了标题。

"口袋里装满天塌不怕的死性",这一句话,可以凝聚这专辑全部的要旨,也可以概要评论这专辑全部歌曲的精神和美学表现。就用它,为死性不改的苏运莹,点个赞。

詹 丹

人生观和人"死"观的教育

人生会面临许多大事,死亡则是人出生以后需要面对的最大事情。我们在成长过程中,会接受许多人生观方面的教育,遗憾的是,关于人"死"观的教育,还比较稀缺。

我大概得算是个奇怪的孩子,小时候经常会受死亡阴影的困扰,甚至会想象我死后被埋在何处。当我这么想的时候,憋闷、寒冷、黑暗的感觉,就把我包围了起来。我曾独自一人在家里嚎哭,哭叫着"我会死呀我会死呀……"甚至引来邻居的围观。他们嘲笑我的胆怯和愚蠢,但他们并没有安慰我或者告诉我怎么来正视自己的死亡。我的父母以他们也会死、人人都会死的说法来劝慰我,但这引起了我更大的恐慌,还添加了我嚎哭的新内容:"我爸爸妈妈也会死呀我爸爸妈妈也会死呀……"

随着年龄增长,死亡的阴影渐渐被稀释,却并没有彻底消散。直到有一天,我在高中时,很偶然地读到古罗马哲学家卢克莱修的《物性论》时,我的精神才为之一振。美国哲学家桑塔亚那曾给《物性论》以极高的评价,认为这是古希腊罗马的总结性著作,但其中写了什么,我大半已经忘却,或者当时就没读懂。不过其中有一段"论怕死的愚蠢",却让我铭心刻骨。他认为人死后,感觉是不存在的,所以我们有关死亡后种种痛苦、难受的感觉,只是活人想象出来的,由此,他得出结论说,我们不应该怕死,而是应该害怕活人的怕死的那种感觉。

对自己的害怕感到害怕,这一有点绕口但充满智慧的语言,后来我在法朗士的散文《勇敢》中又读到了,心里黑暗的一角,似乎被灯光照亮了。我觉得,情势终于得到了扭转——当我年幼的时候,当死亡一事离我还很遥远时,我却被死亡的阴影笼罩着,而当我渐渐长大,当我在向死亡一步步走近时,那阴影却在慢慢向后退去。

后来,读大学的时候,教我们英语的周老师某天走进教室时戴着黑纱。我们得知他的父亲刚刚去世,就纷纷走上讲台前去安慰。他开始上课时,特意先说了一段话,大意是他虽然悲伤,但也很想得开,因为他觉得人的死亡,是对人类的最后一次贡献,如果人只有生没有死,那么地球早就人满为患了。从这一意义上说,我们活着的人对每一个正常死亡的人,都该怀有一份感激之心,也都应该正视自己的死亡。周老师这么一说,我的心里又亮堂了许多,而且更奇妙的是,当时的我已经不觉得是死亡的阴影正在远去——我不需要努力去驱赶它,我可以很坦然地看着死亡,就像走在路上,看着路边的一棵树,在风中摇摆。

再后来,我的父亲、我的母亲都相继表达了意愿,要把自己的遗体,捐献给医学单位让学生作病理解剖用。当他们去世时,我和家人都照办了。这时候,我觉得,关于死亡,除了消除惧怕心理,除了面对它、正视它,我们也还是可以做得更多的。

我当然尊重每个人对待自己死亡时处置自己遗体的不同方式，但是，对于那些捐献遗体的人，我怀有一份更深的敬意。这不单单是因为有这样一种相当流行的表达："宁愿让学生在我身上试划二十刀，也不愿他们将来在病人身上错划一刀"，也不仅因为我的父母都这样做了，而是因为这些人以自己的行动，又为我的人"死"观教育构建了一个重要部分，一个更加达观的新境界。

辑五

冯骥才

泡在水里的威尼斯

在威尼斯,我总为那些数百年泡在水里的老房老屋担心,它们底层的砖石早已泡酥了,一层层薄砖粉化得像苏打饼干,那么淹在下边的房基呢?一定更糟糕,万一哪天顶不住,不就"哗啦"一下子坍塌到水里?

威尼斯人听了,笑我的担心多余。一千多年来,听说哪所房子泡垮?只有圣马可广场上那个钟楼在一百年前发生倾斜,重建过后就没事了,今天一如皇家卫兵那样笔直地挺立着。

其实威尼斯所有房子并非建在水里,而是在一片沼泽中间的滩地上。这一次,我乘飞机在威尼斯降落时向下望去,看到了这里地貌的奇观。大片的水域中间浮现着一块块滩地,此时正值深秋,滩上的草丛变得赤红。绿水红滩,景象奇丽夺目。威尼斯濒临亚得里亚海,但这里的水却不是纯粹的海水,它一部分来自内陆许多河流的淡水,咸涩的海水与清新的淡水交融一起,再给天然的沙坝阻截,渐渐形成一片世界上面积最大的潟湖。在这种半咸半淡的潟湖里很少生物,只有一种淡银色的尖头小鱼。二十年前我在盛产手织花边的彩色岛上,蹲在水边看人钓鱼,但这种鱼不能吃,人们只是钓着玩,每每钓上来便摘下钩,扔回到水里。威尼斯的海鸥和水鸟很多,大概在这个水城中到处可以找到食物。它们都吃得很肥,有一种白肚皮、灰背的大鸟像小猫一般,很足实,有点吓人,其实它们胆子很小,你的手一伸过去,它就飞跑了。

古代威尼斯人就在这潟湖中的滩地上砸下密密实实的木桩,中间填上沙砾,上边铺一种又厚又大的石板。这些石板是经亚得里亚海从斯洛文尼亚那边的伊斯特拉运来的,这种石头的防水性能极好,几层石块铺好后,再在上边叠砖架屋,当然坚实可靠。不知这主意最初是哪个聪明的人发明的。历史总是把伟大的普通人忘记,威尼斯却受益于这个水中建房的高招,直到今天。

潟湖受大海潮汐的影响,每天都会涨潮落潮。涨潮时所有房子像站在水里。威尼斯有一百多个建满房屋的岛屿,四百多座连接岛屿的大大小小、各式各样的桥梁。绝大多数房子的正门开在岛上陆地的一边,后边是临水的私家小码头。在威尼斯如果想走近道,就得上桥下桥,穿街入巷,很吃力;如果想省腿脚,便乘船渡水过河。河道大多很狭,像水上的胡同,船身必须细长才好穿行。桥洞又低,不能有船篷。所以这里独特的风光是那种月牙式两头翘起的优美的小舟贡多拉,蜿蜒幽深的水道,插在老屋前各色各样的拴船的杆子,这一切都五光十色地倒映在波光潋滟之中,水光摇曳,影如梦幻,变化无穷,入夜后灯光再加入其中,无处不叫你感到新奇。

威尼斯这种世上惟一的奇特的风光,自古以来就为画家所痴迷。在古代欧洲的风景画中,"威尼斯风景"恐怕是最多的了,数百年来一直有大批画家聚在这里。从十六世纪文艺复兴时期的威尼斯画派到今天的国际性的"双年展"。

不过,对于这个最初是靠水陆交通与商贸发达起来的城市,商人比画家更多,而且个个比莎士比亚笔下的商人还要厉害。一个导游告诉我,一次他带一个旅游团来威尼斯。他对团中的游客们说,你们买东西时可得留心点儿,别叫威尼斯的商人"忽悠"了。在游客们分别去购物后集合起来时,他发现一个游客买的皮包买贵了,就说你这包儿花的钱多了,质量也差。这游客听了就要去退货。导游说你退不成,这里的商人厉害着呢。游客非去不可,拦不住他就去了。可是不多时这游客笑嘻嘻地跑回来,手里提着两个同样的皮包。他不但没退成,反叫威尼斯商人又多"忽悠"一个。

六百年前,马可·波罗从这里去中国,他就是随着爷爷到东方经商去的。我一直认为他们是经过丝绸之路"走"到中国的,至少走了其中一段。

这一次,我听说威尼斯城中还保存着马可·波罗的故居,很兴奋,但找起来可真难,跑了一二十条街,上下十多道桥,再穿过一个低矮的街洞才找到。街口两边各一座房子,一边是马可·波罗出生的小楼,一边是他家经商的办事楼。虽然里边已经找不到任何遗物,房子却依然完好,如今底层都改做小饭店。这里的人以马可·波罗为自豪。尽管一些苛刻的学者还在怀疑《马可·波罗行纪》的真实性,威尼斯的老百姓却坚信马可·波罗去过中国,并把面条、饼、饺子带到意大利来,变成意大利面和披萨;有趣的是他们把饺子变作四方形的了,好像火柴盒,模样虽然有点怪,可是外边有皮,里边有馅,说是饺子也不为过。他们肯定没把中国妇女包饺子的手艺学去。我第一次听到这个关于"中意交流"的奇谈,觉得好笑中也有三分可信。想想看,除去意大利,欧洲哪里还有这种食物？历史有时永远没有结论。反正马可·波罗的游记让西方人对遥远的东方燃起了兴趣，甚至促使了哥伦布渡海西行，寻找中国，一下子"发现"了美洲"新大陆"。

如今的威尼斯不再是意大利的商贸枢纽，但它的文化留了下来。其实人类的很多文化都是不经意创造出来的，在应用它时并不知其中的意义。时过境迁之后，文化的价值才渐渐显现出来。这就要看你是否能够认知它的价值。

威尼斯曾被我们称作"西方的苏州"。威尼斯整座城市于1987年列入世界文化遗产，苏州却因为我们自己的破坏而名落孙山。

在旅游已成为当代主要消费方式而日益"猖獗"的今天，威尼斯人很清醒，没有把自己主要力气花在旅游上，而用在保持自己城市的品位和历史的原真性上。城市所有建筑不能随意改建，不能改变原貌，甚至不能破坏"百孔千疮"的外墙苍老的历史感，如果必须修缮也要经过专家认定。凡专家确认的，政府出资百分之七十。保护不是做做样子，而是做好每一个细节。比方他们给住房安装的电子门铃，在设计风格上与斑驳的老墙很协调，高雅又现代。这使我想起德国一个民间的历史建筑保护组织曾经请我去演讲。这个组织的名字叫做"小心翼翼地修改城市"。"小心"二字中包含着对城市的历史文明多么至诚的虔敬！不像我们经常喊的那个词儿"保护性开发"——说到底还是要开发，保护不过是个挡箭牌。反正我们现在挺有钱，想开发还不是手到擒来？

据说有同胞曾经访问威尼斯，听说威尼斯不能走汽车，也不能骑自行车，感到不方便。一问方知，原来威尼斯是一座小岛组合的城市，无法行车，就问："为什么不把它们连起来呢？"主人说："不行，我们做不到。"意思是这是历史遗产,不能改变。来访者听了财大气粗地说:"这个——我们能做到!"把人家吓了一跳。

现在的威尼斯也面临旅游压力,总共不到八平方公里的城区内,每年有两千多万名游客。在旅游旺季,大街小巷、院里院外,到处是举着相机和手机四处拍照的游客。有时出门走路都困难。你和原住民一聊游客,他们就皱眉摇头。在他们眼里游客就像大群大群候鸟,一年一度来一次,一来就闹得天翻地覆。现在住在城中的本城年轻人愈来愈少,老人们依恋着与自己生命记忆融为一体的老房子,所以留在这里。可是老人总要离去,关键是怎么把年轻人留在本土?

当地的做法挺有趣。比方划贡多拉小船的船夫,绝对不允许外地人来干。自古贡多拉船夫都是传男不传女,今天依然如此。如今站在船头戴着皮帽、穿紧身衣、随口唱一首当地民歌的结实又爽快的船夫,都是地道的威尼斯人。至于制作本地彩色玻璃、手织花边和面具的当地艺人,也依然在一些岛上的作坊施展他们的古艺。还有威尼斯那些重要的博物馆和美术馆更叫他们奉若神明。不少人来威尼斯就是要到学院博物馆看乔尔乔内的《暴风雨》和卡列拉的粉画《少女像》,要到公爵府大议会厅去看韦罗内塞那幅世界上最大的油画。历史是要不断更迭的,但只要精髓还在就好。

威尼斯虽然不担心房子泡垮,却担心整座城市的下陷。城市的下陷是由地球变暖、海平面上涨造成的。现在每年平均下陷一厘米多。一百年就是一米多。有一天它会不会陷到地平线以下,成为一座水下的城市?这可怕的事情虽然不会在我们这个时代发生,我们这个时代的人却要为此担忧,设法阻止。历史要延续,遗产要留给后人。这是文明的思维。

叶兆言

一个南京人眼里的西湖
——南京与杭州

作为一名南京人,说起杭州的西湖,多多少少都会有些酸溜溜。南京属吴,杭州属越,吴越春秋吴越争霸,自古好争好斗,早就结下梁子。争过来斗过去,好像一直是浙江人占便宜,越人总是胜利的一方。当然,最早的吴越之争,与南京和杭州也没多大关系,那是苏州人和绍兴人在打架。

因为要写南京传,写到了南唐,写到了南唐的灭亡,才意识到南京人对杭州人的怨恨,真要说起清算,其实应该是从这个时候开始。在隋唐之前,杭州还不是浙江境内的老大,就像在三国前,南京不是江苏境内的首席一样。到五代十国期间,两个城市都已经羽翼丰满,都开始牛了,都像模像样地成为当时一个国家的首都和京城。

南京是南唐的首都,杭州是吴越国的京城,虽然只是十国中的小国,都有些小富裕,都不是北方的对手,都害怕北方。南唐略为强一些,吴越国稍稍弱一些,陆游的《南唐书》上记载:

> 吴越国大火,焚其宫室帑藏兵甲几尽。将帅皆言乘其

弊可以得志，帝一切不听。遣使厚持金币唁之。

有人劝南唐李煜的爷爷李昪，说应该借助这场大火，趁机出兵，灭掉吴越国。结果烈祖李昪宅心仁厚，不仅没有听从这个建议，还"厚持金币唁之"，用今天的话说，就是捐了一大笔款子给受灾的邻国。当时南唐和吴越国边界，在常州一带，这是今天无法想象的一条国境线。两国当然时有摩擦，总的来说，还算相安无事。问题出在宋朝开始出兵攻打南唐，吴越国也趁火打劫，同时出兵，结果真把南唐给灭了，李煜也就成了李后主。

亡国就亡国吧，南京人耿耿于怀，人家宋军纪律还严明，作为帮凶的吴越国却很不像话，烧杀掳掠。这件事，史书上白纸黑字，记载得清清楚楚。

吴越国的背信弃义，也没什么好结果，南唐灭了，一江春水向东流，吴越国很快也跟着灭亡。远亲不如近邻，唇亡则齿寒，兔死而狐悲，这些古话当然是有道理。因为都是受害者，都亡了国，以后又都是大宋老百姓，事情过去就过去了，所谓耿耿于怀，也是说说而已，掉掉书袋，如果不翻书，很多人恐怕根本不知道。

事实上，南京人真正的不痛快，还是那个西湖。为什么呢，因为人们说起南京和杭州，必定要拿玄武湖和西湖来说事。而西湖总是略胜一筹。喜欢热闹的，肯定会说西湖好，南京人就常发感慨，说你们看看人家西湖，人山人湖，车水马龙，那种繁华景象，那种热闹，再看看玄武湖，空旷得都可以遛马。不喜欢热闹的，当然喜欢空旷，空旷产生寂静，寂静正好可以用来怀古，南京这样的城市，如果不怀古，还有什么意思。

西湖曾经也是十分的寂静，写西湖的牛人张岱有两篇牛文，一篇是《西湖七月半》，一篇是《湖心亭看雪》。喜欢读点古文的人，一定会熟悉这两篇文章。《西湖七月半》开头便很突兀，"西湖七月半，一无可看，止可看看七月半之人"。七月半是中元节，俗称"鬼节"，南京人读到这样的开头，忍不住会心一笑，张陶庵真不是个东西。

《湖心亭看雪》短小精悍，主题与《西湖七月半》近似，都是清高，都是孤傲，名士气十足，没有人间烟火。结尾一段，南京人读来，心中特别得意：

> 到亭上，有两人铺毡对坐，一童子烧酒炉正沸。见余，大喜曰："湖中焉得更有此人！"拉余同饮。余强饮三大白而别。问其姓氏，是金陵人，客此。及下船，舟子喃喃曰："莫说相公痴，更有痴似相公者！"

张岱是绍兴人，长居杭州，对西湖怎一个爱字了得，要不然，他也写不出《西湖梦寻》。喜欢晚唐诗和晚明小品，莫说相公痴，更有痴似相公者，行文至此，忽然开始穿越，有一种感觉，仿佛自己就是几百年前两位金陵人之一，能有缘与张岱这样的高人浮一大白，太好了。

若要论及时代，与张岱所处的明末相比，我更喜欢宋朝，更喜欢北宋。而说起西湖，首先想到的是苏堤，想到苏东坡。苏东坡不止是文章写得好，诗写得棒，词填得漂亮，光一个苏堤，已足以扬名千古。一项好措施，一个好方案，能够造福千年。苏东坡治理西湖的基本思路，也不复杂，就是疏浚，利用挖出的淤泥葑草，堆筑起一条南北走向

甜如蜜

的堤岸，宽广的水面还在，于是映波、锁澜、望山、压堤、东浦、跨虹，各种各样的美好都有了。

同时期的王安石，在这方面，远没有苏东坡的远见卓识。当年的玄武湖与西湖相比，不知道要大出多少倍。它与长江直接联在一起，今天无法想象它的水面有多辽阔。六朝时期，帝王在这检阅水军，桅樯林立旌旗蔽日，楼舰五百雄兵十万，鼓角声震天动地。王安石在南京当知府，成为父母官，他实行的政策是"以粮为纲"，治理玄武湖的方案是"废湖为田"，将湖面统统变成了良田。

结果呢，结果是后果很严重，非常严重。人们印象中，苏东坡是个纯粹的文人，性格浪漫，多少有点书呆子气。王安石则是坚定不移的改革派，行事果敢，是治国的能臣，几次位居宰相，然而，有时候如果只看到眼前，过于现实，就有可能犯很严重很致命的错误。王安石泄湖得田，玄武湖因此消失二百多年，经过后来元朝的两次疏浚，玄武湖才重新在南京的版图上出现，湖水面积当然就有点惨不忍睹，浩瀚二字再也说不上了。

不妨想象一下，假设一番，如果废西湖为田，又会是怎么样的一个景象。历史的经验值得注意，苏东坡治理西湖，王安石治理玄武湖，两个方案两种结果，一个是堵一个是疏，谁好谁坏谁优谁劣，立刻就能想明白。因此，还是文章开头的那个意思，吴越相争，譬如简单的治水，杭州又一次赢了，赢得很光彩。

孙小宁

法隆寺与柿

我的朋友总是说我，你对奈良，还是有比对别的日本城市，更特殊的感情啊。我说，那还用说吗？在奈良想长安，处处都是触发点啊。且不说正仓院那些唐代的宝物，就是那些寺庙的一檐，一瓦，都能让人穿越回大唐。但是我并没有跟他们提起，对奈良抱有这样情感，最初一颗种子，是两千年左右落下。那时还在做林谷芳先生的访谈书《十年去来——一个台湾人眼中的大陆》，我向他感叹故乡古都气象不再，随后问这位有情怀又有唐人之风的台湾文化人，西安究竟应该怎样做，才能显出大唐气象？他当时向我举法隆寺："寺前有一条很宽的马路，铺着细细的黄沙，两边是矮矮的土围墙，单单那土墙的色彩，就让美术界人士赞叹不已。尤其是夕阳西下的时候，那种大气、优雅与从容，就呈现出一种很浓的历史氛围和沉淀。这时候你会说，这就是大唐。"

真也是造化弄人，从听到这样的描述，到亲炙法隆寺，中间忽忽竟十年。其间不是没有来过奈良，但时间匆匆，分身乏术，竟然还是错过。这次无论如何也要去了，借助正仓院10月28日开始的展。我和朋友特意提前了几天到达，不用说，先造访的就是法隆寺。

奈良城不大，法隆寺坐JR线和公交线都只有几站。但就是几站的驶出，竟是别一番奈良风貌，说来差别真大。法隆寺在斑鸠町，这是个古老的地名，因为最先的法隆寺，就命名为斑鸠寺。斑鸠町里有没有斑鸠，我不知道，但放眼望去，这里仍然是一片原野景象。尤其是坐JR出了法隆寺那一站，眼前的屋舍人家，就像依着田园而建。连伸向远方的铁轨，都像是从井田巷陌中间开出。行车道长而窄，以至于我行在一侧，心里总有些胆颤。不是怕自己被车撞到，就是担心会影响到骑车的人。要知道大部分城市，行人道与汽车道，都有线隔开，或者干脆以栅栏分界。可这里……车的两边，步道只有一尺多宽，自行车也穿行其间，这，到底是让人走还是不走？

这么思虑着，环顾四周，竟然发现，行人没有几个，骑车人亦稀稀落落。整个斑鸠町，俨然就只我们两个闲人，在那里晃晃荡荡。已然看到法隆寺的路标了，就不免心生奇怪，怎么老感觉不到接近一个名胜旅游地时，那种纷杂热闹劲呢？

穿街走巷，两边尽是人家，个个门扉紧闭，绿植倒是从矮矮的围墙内显映出来，人人都像园艺家，修剪得一丛好花树。我的旅伴一直在学花道与茶道，因此品鉴各家的园艺布局很是上瘾，以至于走着走着就说开了这样的话：其实，这样一天沿路看看也不错。

这话我正思忖着怎样接，迎面走来一位老太太。她看着我们，突然就噼里啪啦说开日语，样子既热情又生动，对不住她的是我那初阶的日语，眼见得一个个词汇噼噼啪啪往地上掉。最后只听出"食"一个单词。又见她手往身后指，就猜想，她大概是向我们介绍一处吃东西的去处。可是到底在哪里呢？还是不知道。而她就这样甩甩手走人，置我们于一片懵懵懂懂。

我的旅伴因此感慨，这里还是偏乡下啊，因此会有这样的人出现。这种观点她之前也表达过，我以为是她这样多往来京都的京都控的偏见。这一瞬间，我竟然有些被她说服。这里确有一种乡间的安适，是同为古都的京都所没有的。京都虽然古老，但人还是要提起气来生活。我行前正好看到老京都人、学者梅棹忠夫的《京都导览》，处处都在做这样的提示。他说："京都是日本最早拥有'都市性格'的地方。"所谓"都市性格"，"就是建立在非自然共同体中的人际关系"。而在一个千年都市生活中所形成的礼仪规范，自然有让外人觉得"冷"的地方。以至于有人觉得，"京都人就是冰箱。正面相对时，倒也凉风习习，好不爽快。可一旦转过身去，你定会感到背脊发凉。"当时看书上这一句，忍不住要笑出声。现在一对比，真是无法想象，走在京都小路上的我们，会被一个这样的老太太拦住，问也不问你要去哪里，就在那里倒一箩筐话出来。

有些是淳朴的乡间才有的戏剧性瞬间。这倒更让我觉得，奈良是个有着故乡一般亲切淳厚的所在。而让我更生亲切的是，我看到了无处不在的柿树，就长在人家屋舍院落间。此时正是秋天，每棵柿树上的果子，都结实饱满，很有些生在自家可以放心贪长的底气。我从它的皮与色泽判断，里面是有筋有肉的那种，不像我故乡的火晶柿子，一揭薄皮就能流出一手甜汁……经由柿子，我又一次思接长安。无疑，我对奈良的情感又落地一层。

终于到了法隆寺，感受同样亲切。因为无论是它的南大门，还是东大门，都是低低矮矮的，一个并不需要你屏气敛神去仰视的所在。这次，我们走的是南大门，要到达它跟前，需要走长长一条参道，参天大树，光影斑驳，可用上"木漏日"这个美得无可方物的日语词。时光在此变得更慢，仿佛千百年来，人们到达法隆寺，就是这样慢慢走着。而进入寺门，同样有一条长道，右侧用以做圣俗之界的围墙，正像林老师当年所讲，是矮矮的土墙。

法隆寺分西院伽蓝与东院伽蓝。西院有金堂、五重塔、讲堂，东院有梦殿。这里有许多佛像宝物，可惜不能拍照。照片能留住的，就只有这些佛教建筑的外身。而我正是借助这些影像的一次次回放，回来开始了相关阅读，并借以翻动法隆寺这本年代久远的大书。所谓心看见了眼睛也就看见，有些字眼就自动从书里跳出了。比如那种将金堂与五重塔并置于中轴线东西两侧的不对称配置，原来叫做法隆寺式。而属于法隆寺建筑内部的结构秘密，我则是借助去年那本《树之生命木之心》，体会出建筑细部的匠心。这本书堪称法隆寺的建筑物语，由几代法隆寺工匠们的口述回忆道出。它不仅详解了塔殿建筑的细部构成，还进一步帮我探知建筑选材与应用背后的缘由。所谓"取千年的扁木，也要让宫殿存活千年"，这里不仅体现的是工匠们的虔诚与信念，也有多年身体记忆所累积成的生命经验。因此能存活的，不仅是宫殿，还包括树木本身。法隆寺工匠口中，给这些大殿佛塔做修缮之时，还能闻到柏树原木的香气。他们说，这是因为前辈的工匠在用到每一棵树木时，都没有违逆树的癖性，所谓"要按照树的生长方位使用""堂塔的木构不按寸法而要按树的癖性""你的灵魂就在你手里的工具上，在刃部的前端上"，这些都是一代代宫殿工匠挂在嘴边刻在心上的口诀。还有一个细节也拜他们提醒，这里的佛塔，虽然也受中国早期佛塔影响，屋檐却比中国的檐边长。这同样缘于工匠们对日本风土的悉心体察，因此有了区别于大陆风格的日本长檐。宫殿工匠是可以站在建筑内部来看的人,有些东西,也只能借助他们才"看"得到。作为游客,在当时,眼睛只能看外观。但这种大体的看,已然能生起敬畏。既敬畏时间的力量,也敬畏建筑体本身所拥有的谦逊:这么多大殿与塔,彼此谁也没想压过谁,就连梦殿,这因圣德太子做梦而得名的建筑,我也只是通过它顶上的宝珠,而在拍下的照片中得以辨认。伟大与谦逊集一身,方才会出这样简朴、和谐而内敛的样貌。我想我真正喜欢的,是这种气息。因为这种气息的背后,是人的声息,是不同时代人的心力与诚念相续,方才有这眼前千年的奇迹。

而这永恒一瞬,又该以什么做最好的纪念呢?我最后买下的纪念品,是一对杯子。杯子不足奇,我喜欢的是上面正冈子规的诗句:

正吃柿子时,法隆寺响起钟声。

正冈子规已是明治时期的人了。想想一世纪前的诗人,也和我一样,既对法隆寺、也对柿子上心,不能不让人产生相应之感。尤其这两个意象,一个如此家常,一个渺远出尘。搭在一起却不违和,反而恰到好处地将二者勾连,怎能不让人心生欢喜?

出法隆寺,又去法起寺。法起寺也是和法隆寺一起,以法隆寺地区佛教建造物之名义列为世界文化遗产的寺庙,寺虽然小,于我仍有意外之喜,就是有棵大柿树,照旧有果实垂吊,映着夕阳的余晖。忍不住在树下拍照留念,后来检视那一天的照片,发现在那里的我,一身绿衣短打扮,倒像是做了农禅后一般的自在。

怎么能把农禅与法隆寺联在一起想呢?但,法起寺可以。

世间的寺庙，有庄严正大的，也有亲切怡人的，两者我都爱，就像我爱正冈子规那首诗，既有寺庙的钟声，也有柿子。

若问，我是那么爱吃柿子的人吗？其实也不尽然。柿子偏凉性，而我体质偏寒，所以一般只是看着喜欢，吃着谨慎。据说战国时代的大将石田三成也是不吃柿子的人。临死了口渴，士兵给他柿子吃，他也以恐生痰拒之。所谓"有志向的人，即便头颅须臾落地，亦要惜身"。我没有他那么大志向，谨慎，只不过不想对胃徒添负担而已。所以我明知同伴买下了一堆柿子，也迟迟没动念吃。

但离开奈良的那一早，我还是对她说：我想尝一颗柿子。用过早餐之后，我们就开始吃柿子。用的是在国内从没有过的方法，用勺子一点点挖着吃。这时没有听到法隆寺的钟声，但脑子中闪回的，则是一路去到法隆寺的种种。

我知道这个秋天，我又无可救药地爱上了奈良，而这一枚柿子，连接了法隆寺，也连接我的故乡。

小转铃

走　路

人的一生中会喜欢上各种奇怪的东西。我二十岁的时候，没想过我以后会有一天喜欢上走路，那时候我忙着轧朋友和思考哲学问题，生活波澜壮阔。来到美国这个小城读书之后，我才知道世界上没有什么事情是理所当然的。有些平时视而不见的东西说少掉就少掉了！

上街沿没了。

这真可怕。没想到地球上还有现在这种地方，居然只有车道没有人行道，出门必开车，人坐在车里，像一粒粒缓释胶囊。真是大意了！公交系统很糟糕，赶公交车是婚丧嫁娶级别的大事，要事先查好时间，在荒郊野岭里连滚带爬走很久，像赶飞机一样紧张。

在这个地方开了四年车之后，我决定尝试恢复步行。这时候的我比刚出国时胖了二十斤，常年情绪低落，坐久了浑身发出咔塔咔塔的怪声，像一个要报废的座钟。我住在一个典型的中产阶级郊区，最近的公交车站在山下，连走带跑三十分钟，才能赶上一个小时一班的车。我就坐这趟车去学校给学生上课。在这地方，大家听说你住郊区还坐公交，不会说"坐巴士"（take the bus），会说你"使用公共交通"（use public transportation），字里行间，好像传达着一种异域风情。因为没有上街沿，我只能踩着人家草地的边边走，一直担心会被呼啸而过的车子撞到。有些地方会在街边画一条很窄的白线，大概两个脚掌并起来这么宽，这时需要有一些抽象思维才能领受这种好意，知道这是理论上的人行道，就像孙悟空给唐僧画的那个圈圈，主要的作用是表情达意，对行人表达一种道义上的关爱。

每天早晚走三十分钟，我竟然迷上了走路。平时，注意力都集中在手上，要不就是脸上，脑袋里，专心走路的时候，感觉最明显的则是脚。膝盖抬起，脚跟轻轻着地，感受着脚底柏油路面反馈的弹性——走路就是玩自己的脚。刚生出来的小毛头，人生一片荒芜，就知道玩脚，现在的我也变成了这样。专气致柔，能婴儿乎？走路不是散步，也不是跑步，是为了把自己从一个地方运到另一个地方，这和在跑步机履带上锻炼身体并不是一回事。村上春树说，跑马拉松无论如何都是一件辛苦的事情，选手要在心里反复念叨"疼痛是不可避免的，是否受罪却是自己可以选择的"才能坚持得下去，但是走路不是，至少走三十分钟还不会带来疼痛。

以前我开车在这个中产街区里进进出出，觉得这还是个挺不错的区，街道干净，治安良好，草坪也都整齐。走路才能品出些衰败的味道。去年大选，有三分之一的家庭在草地上插了特朗普的牌子，旁边往往还竖着面美国国旗，本地冬天冷而漫长，国旗都被一场接一场的大雪打得破烂褪色，凄凉而歪斜地戳在厚厚的雪地里。平时也很少看到小孩在门前的草地上玩耍，说明这个地方的老龄化相当严重，并不是一个正在成长的社区。我这学期讲的课叫"城市环境中的人类行为"，其中有一节是讲美国城郊的空心化和贫困化，这和中产阶级的衰落是同时发生的。贫困的城郊和贫困的市区看上去是很不一样的：贫困的市区充满了各式各样的犯罪和违法行为，危险而热闹。贫困的城郊则是静悄悄的，几乎看不到什么人类活动，破产、空心化，都在无声无息中发生着——邻居不知不觉就搬走了，房子不知不觉就坏了，垮了，后院杂草丛生，成为野生动物的领地。

　　写《美国大城市的死与生》的简·雅各布斯对这种城郊的中产社区毫无好感，她说一座座雷同的独栋房子像死气沉沉的兵营。那是上世纪七十年代的事了，那时中产阶级的日子还过得不错，平庸和乏味是最大的问题。现在我的观感更糟糕，我走过这些房子，感觉像走过一个个坟头。偶尔出来割草的都是老人，会友善地和我打招呼，他们家里都没有孩子，只有一两条狗作伴。我经常和一位女士一起等公交，她大约五六十岁，似乎是东欧移民的后裔，落雪天里，总是穿着一身陈旧又奢华的紫色毛皮大衣，戴一顶松糕形状的裘皮帽子，和普通美国人穿衣的随性风格很不一样。她长着一张天真的鹅蛋脸，两颊总有奇怪的潮红，精神也像是有些问题，说话又慢又重，常常在公交车上长篇累牍地大声讲电话，引人侧目。她不是一个典型的美国白人新教徒，但我总觉得她多多少少代表了我们这个社区的某种特质：过时，孤独，固执，不合时宜，被精神疾病和酗酒等社会问题困扰着。

　　在美国这些年，我常被一种死水般的窒息感笼罩，走在这个社区里，这种感受尤为深刻。我常常不无委屈地想："我的邻居们呀！为什么你们不能像苏州人杭州人那样，应季搬出一簸箕一簸箕的萝卜干，茶叶，陈皮，香菇之类的土产，放在门口的草地上晒晒呢？这样我

甜如蜜

们就可以一起孵孵太阳，说说话，认识认识，还可以买点干货回家烧菜呀！"但是他们只是偶尔推着轰鸣而气味难闻的割草机出来打理草坪。奇怪的是，作为一个上海人，我思乡病发作的时候，想到的却是苏杭，仿佛苏杭才是我真正的家乡似的。有一天，我照例在静谧的路上走着，两边行树夹道，青翠葱茏，一模一样的独栋房子鳞次栉比，我心想，世界上还有比这个地方更无聊的地方吗？绝对没有了，这简直就是个密封的水晶棺。我想念杭州想疯了，在绝望的恍惚中，我忽然觉得有几段的自然景色颇像玉泉路玉古路，于是痴痴地幻想起自己此刻距离西湖不过投石之遥……顿时，奇迹发生了，一花一木都变得那么有灵气，我甚至闻到了空气里的甜味，听到了潺潺的湖水声，脸上也情不自禁地露出了笑容！千年的文气汹涌而来，将我幸福地淹没了。

　　随即我沮丧地意识到自己是多么可悲呀！一个被深深束缚在象征界里的家伙，迫切需要当头一个热水瓶！越南的一行和尚看到他徒弟在厨房忙乱成一团时，问徒弟："摩比，你在找什么？"徒弟慌张地回答："汤匙啊！我在找汤匙！"一行和尚笑着说："不，摩比在找摩比。"我只有很不情愿地承认，这种让我窒息的感觉或许并不来自美国本身，而在于我自己。人生的幻觉一旦被戳破掉，就再也回不去了。鲁迅先生说，世上本没有路，走的人多了，也便成了路，但我发现，世上本没有我，走的路多了，路便成了我。天呐。

路　明

小镇出来的孩子

母亲对我说,你差一点点就是上海人。

那是1982年的七月,母亲在小镇的卫生院上班,离预产期尚有三周。外公外婆早早预订了上海"一妇婴"的产房。那天,父亲的朋友送来一串"六月黄"。母亲禁不住嘴馋,多吃了几口,当晚腹部剧疼,上吐下泻。妇产科的刘阿姨说,赶紧剖吧,保住孩子要紧。

一柄薄薄的柳叶刀划开了我的世界。我紧闭双眼,一声不响。刘阿姨倒提着我的脚踝,用力拍打我的后背。终于,"哇"的一声,我大哭起来。

小命保住了。

小镇毗邻上海,1980年后,许多回不了城的上海知青在小镇安家。好歹离上海近一点,心理上是个安慰。他们大多是教师和医生,清贫,有点小知识分子的臭架子。后来,又有几家内迁的工厂陆续搬到小镇,技术人员也多是上海人。

"听讲侬是闸北区的?"

"老早在彭浦新村,侬呢?"

"娘走掉了,爷跟阿弟住凤阳路。"

"好地段,上只角。"

"哪里哪里。再讲,跟我搭界(有关系)哦。"

和上海人一道来的,还有蝴蝶牌缝纫机、永久牌自行车、红灯牌收音机、钻石牌手表,还有雪花膏、高领绒线衫、大白兔奶糖、回力运动鞋……加起来,几乎就是那个年代对美好生活的全部想象。羡慕之余,小镇的居民对这帮上海人不免有几分讨厌,觉得他们高傲,精明,死要面子。大家都穷,凭什么你穿得山青水绿的。小镇的男人们尤其看不惯上海男人戴袖套买菜的模样:"买汰烧"一锅端,算什么男人?

像一条河汇入另一条河。时间久了,彼此也就交上了朋友。小镇女人跟上海女人学织绒线、熨衣服,上海女人跟小镇女人学做糯米糕、包小脚粽子。快过年了,镇上的邻居送来自家做的咸肉和熏鱼,上海人说声谢谢,哼哧哼哧倒三四部车,拎回上海的爷娘家。年后,上海人陆续回到小镇,大包小包里,有为镇上朋友带的凯司令蛋糕和三阳盛芝麻核桃粉。小镇几乎人人都会讲几句上海话,上海人用当地话买菜,阿好便宜点?看见谁家的小姑娘穿新衣服,会说,好看忒好看忒。前一个忒升调,后一个忒降调,很有味道。

琴芳的阿哥讨了个上海娘子,琴芳吵着要去上海玩。国庆节终于去了一次,却几乎是逃回来。阿哥阿嫂带她逛了南京路,看了外滩,在城隍庙吃了南翔小笼。晚上回到住处,琴芳吓一跳。十平方不到一个亭子间,睡了三家人——岳父岳母,阿哥阿嫂,阿嫂还有个刚娶媳妇的弟弟。琴芳回来后跟小姐妹比划,那个房间哦,还没我们家灶房大。琴芳和阿嫂睡沙发,阿哥打地铺。两条帘子,隔开三户人家。半夜,琴芳尿急,又不想跑出去上公共厕所。阿嫂说,床底下有痰盂。夜深人静之时,尿滋在痰盂内壁,发出响亮的声音,让没嫁人的琴芳面红耳赤。

一年一度的合唱比赛是小镇的大事。卫生院上海人多,实力公认最强。放射科的王医生指挥,化验室的郭医生拉手风琴伴奏,妇产科的刘阿姨领唱。他们穿着租来的燕尾服和长裙,站姿笔挺,神采飞扬,仿佛译制片里的弗朗索瓦和艾斯美拉达。那是他们的光辉时刻。

有一年,这帮上海人搞出一个大新闻。当其他代表队还在苦练《歌唱祖国》或《在希望的田野上》时,他们居然排出一个意大利语版《我的太阳》。台下的"乡下人"眼珠子要掉下来,评委也听不懂,最后给出一个历史最高分。

不是所有上海知青的子女都叫知青子女。那些父母顺利回城、出生在上海的孩子,早已跟那段历史那片土地撇清了关系。只有那些回不去的上海知青,他们的孩子才叫知青子女。

父母一心盼望我们"回去",最好是堂堂正正地考回去。他们在教育上倾注了全部的心血——搞来上海的教材,请上海的老师补课,每天晚上收看上海教育电视台的新闻,时刻关注着上海中高考的政策。只有知青子女会学油画、学钢琴、小提琴、手风琴,启蒙老师通常是父母或邻居;只有知青子女会提前学英语,听新概念或许国璋,为了跟上上海学校的进度;只有知青子女会因为成绩不好"吃生活",而所谓的成绩不好,大概就是跌出全班前三名。我很羡慕那些叫"生根"(长大后改叫"绅庚")、"召弟"(长大后改叫"昭娣")、"金花""乡妹"的本地同学,他们看起来无忧无虑,什么也不用学,考试不及格也无所谓。我把这个想法告诉生根们,他们说,我们才羡慕呢,我们回家要生煤炉烧夜饭的,要割草喂猪的,农忙时还要下地干活的。

还有,你们经常能去上海,我们可想去了,爹妈说,没钱去个屁咧。

我家隔壁住着放射科的王医生,他儿子大我两岁,我叫他小哥哥。王医生会拉小提琴,小哥哥自然也从小练琴。每次我路过他家门前,总听见咿咿呀呀的琴声,偶尔还有王医生的怒斥。跟小哥哥相比,我是幸福的。母亲本想送我到上海学钢琴,每周六下午出发,颠簸四五个小时到上海外婆家,周日上午去老师家里学琴,下午再颠簸四五个小时回小镇。无奈我身体太差,学了两三次就大病一场,学琴的计划只得无限期搁浅。

小哥哥中考考上了普陀区的区重点,迁户口时遇到麻烦。上海的亲戚们不愿让小哥哥落户,纷纷说家里房子太小,住不下。王医生勃然大怒,跟亲戚们决裂。小哥哥痛哭一场,无奈放弃入学资格。王医生托了关系,安排他在小镇的高中就读。那几年,说起这件事,王医生咬牙切齿,"等着吧,是金子到哪里都发光。"

我不知道小哥哥是不是金子,我只看见他日复一日地沉默。有时半夜醒来,他书房的灯还亮着。远远看去,像一颗孤单的星,升起在小镇寂寥的夜里。

知青子女陆续回到上海,过程并不轻松:户口、住房、学习方式都成了新问题,土气的穿着、偶尔暴露的外地口音也成为被嘲笑的理由。在外地,我们是上海小孩;回到上海,又被当成外地小孩。有一次,一位回沪的知青子女和几个上海同学发生争执,情急之下,他骂出一句"外地话"。那几个本地同学顿时笑作一团。他们捂着肚子,作出夸张的反应。战斗到此宣告结束。那位知青子女涨红了脸,极力地辩解什么。最后他放弃了,颓然坐下,听凭笑骂——"巴子""阿乡""哪里来的滚哪里去"。

不要问我是怎么知道这件事的。需要一些时间和勇气才能承认,那个落败的知青子女就是我。

知青子女普遍早熟敏感,很多人长成一副少年老成、心事重重的样子。他们大多成绩不错,数理化尤其好,毕业后工作也卖力,没几年就贷款买了房。大概跟长年憋着一口气有关。

他们有两个故乡,或者说,没有故乡。和初来大城市的外地青年不同,他们知道自己本该属于这里,藕断丝连,又阴差阳错。这种若即若离、爱恨交加的情感,是知青子女的乡愁。

小哥哥后来考取重点大学,王医生很是扬眉吐气了一把。毕业后,小哥哥远走美利坚。多年后他出差回国,抽空见了我一面。三两杯红酒下肚,我问,他乡生活习惯否?小哥哥苦笑一声。我懂他的意思。如果说父辈们曾被连根拔起,我们则生来就没有根,走到哪里,都是异乡人。

没人再提什么"知青子女"了。时代造就了这个名词,随即被迅速地遗忘。

2009年我结婚,父母执意要求我回小镇办一场婚礼,虽然他们已经回上海居住多时。毕竟,小镇有他们的朋友,也留下了他们的青春。他们在这里度过了漫长的岁月。无端更渡桑干水,却望并州是故乡。

父亲说,你是小镇出来的孩子。

那天来了许多人,我不知叫了多少声"叔叔""伯伯""婶婶""阿姨"。婚礼很简单,没有司仪没有抽奖也没有歌舞,父亲上台说了几句话,大家就开吃,然后新郎新娘挨桌敬酒。菜是实在的,酒是醉人的。叔叔伯伯们感慨着,怎样看着我一点点长大,看我离开小镇,现在又回来。他们干掉杯中酒,称赞起新娘子,说,好看忒好看忒。

张　翎

那些年,学外语的那些事儿

  这个世界上存在着一些我始终无法克服的恐惧,比如开车、比如爬高、比如在乌泱泱的人流中辨认一张脸、比如在饭局上遭遇一位脸色冷峻用锥子也扎不出一句话的近邻、再比如从天花板上悬挂下来的一头蜘蛛,尤其是鼓胀着绿色肚皮的那种……我的恐惧不胜枚举。但我也总有一两样感觉无畏而坦然的事情,比如学习陌生的方言,甚至外语。我用这一两样东西抗衡着我对这个世界的整体恐惧,拿它们来维系赖以生存的平衡。

  我的家乡以奇异的方言闻名全国,至今我仍旧能在世界任何一个角落里,依据口音顷刻间辨认出我的乡亲。在我的童年甚至少年时代,普通话尚未普及,我们把街巷里走过的少数几个操普通话的人称作"外路人"——那个称呼里带着明显的不屑,用今天的话来表述,就是歧视。我上的小学是一所干部子弟学校,班级里有几个南下干部的孩子,他们不会说温州话,在我们井蛙似的耳目中,他们嘴里吐出来的是"大舌头"的普通话。没多久,我就像感染流感那样地感染上了他们的"大舌头",被老师选上作为一些应节应景的诗歌朗诵节目的表演者。当然,那时的我还不知道,从执拗的乡音中挣脱,不太费力地进入另一种语音环境,也是一种本事。这种本事的基本配方是:大量的无畏甚至厚颜,加上同等数量的喜好,再加上少量的天分。

十六岁那年我辍了学,到一所郊区小学任代课老师。半年之后,我进入一家工厂,成为一名车床操作工。生活枯燥无味,我无所事事,开始把大量的空闲时间用来学习国画。我拜在一位师专美术教师门下,从他那里,我知道了谁是任伯年、什么是兼工带写、南派山水和北派山水的区分在哪里,等等。那时学画的动机简单而实际,就是想换一份轻松干净些的工作,可以坐在温暖明亮的光线里,用狼毫描绘出口工艺彩蛋。但是我很快就发现,青春的身体所积蓄的能量,是七个任伯年和四十九个彩蛋也不能完全消耗的。有一天,突如其来的,我想到了学习英文。还要在很多年后,我才会意识到,这个"突如其来"其实并不突然,那是我身体里一条强壮的神经在经历了持久的压抑之后,发出的第一声呐喊。这个突发的奇想与学习国画的冲动有着本质的不同,因为其中完全没有功利目的,我并未想通过它来改善我的生活境遇——上大学、出国留学还是很后来才冒出来的新鲜词。那时我想学一门外语,仅仅是因为喜欢探索乡音之外的那个奇异声音世界,尽管几年之后我的生活轨迹竟然因此而改道——那其实归功于世道的突变,与我最初的动机全然无关。

我已经想不起来,我究竟是如何在那个信息极为闭塞的年代里,弄到一本美国出品香港印制的《英语九百句》的。但我至今清晰地记得那本书的样子:厚厚的开本,纸质薄如蝉翼,封面已经被无数双手磨得起了毛边,许多页上都留有折痕。每天夜里我都会躲在被窝里,用被子蒙着头,把收音机调到最小的音量,悄悄地收听"美国之音",跟随一个叫何丽达的女人,一课又一课地学习《英语九百句》。用今天的标准来审视,那个女人的嗓音具有几分林志玲的韵味。我从未听过任何一种语言被这样的声音诠释过。那个声音抚慰着我被高音喇叭里那些粗糙声响划出斑斑伤痕的耳膜,带着一丝无法言说的蛊惑,让我既激动又恐惧。激动是因为前所未有,恐惧是因为怕惹祸上身。

每一次听完何丽达,我都会小心翼翼地把收音机调回到大家都收听的新闻台。有一天我实在太困了,竟然忘了此事。第二天一位邻居过来串门,随意打开我放在桌子上的收音机。还没听完第一个句子,他已面色骤变。我和他同时去抢夺那个旋钮,他比我快了一秒钟。啪嗒一声,世界陷入沉寂,我们几乎可以听得见彼此脑子中急遽地行走着的思绪。后来他什么也没说,毫无表情地起身离去。在那以后的几个月里,任何一声寻常的叩门都可以让我从凳子或床上惊跳起来。最终什么也没有发生,只是我们在院子里相遇时,再也无法坦然直视彼此的眼睛。

在我的好奇心绽开的第一条裂缝里,何丽达第一个钻了进来。在她之后,缝就大了,紧接着钻进来各式各样的人。之后的两三年之中,我像一只无头苍蝇,满城嗡嗡乱飞,嗅闻找寻着任何一个可以面对面教授我英文的师长。我惊诧地发现,在这个与世隔绝的小城里,竟然聚集着如此一群奇人,有曾在教会学校任教的教书先生,有前联合国的退休职员,有因荒诞的原因被发配到小城的学究,有闲散于正式职业之外的私人授课老师……我拜在他们的门下,贪婪地如饥似渴地掏取着点点滴滴的英文知识。我很快发现了他们之间的共性:

他们的英文长着一颗硕大的逻辑脑瓜子，可以无比清晰地解析一个句子的成分，挑出主语谓语直接宾语间接宾语状语定语；或从一长段文字中准确无误地演绎出有关动词变位从句复句种类等等的句法语法结论。他们的英文不仅长着一颗逻辑脑袋，也长着一双明慧的眼睛，可以一目十行地行走在书页之中。可是他们的英文没长耳朵和嘴巴，患了某种程度的聋哑症。

我跟在他们身边，学到了全套后来大派用场的语法知识。当我在聋哑的英文巷道里磕磕碰碰地行走了几年之后，我遇上了一位奇异的上海女子。这位女子姓周，毕业于北大西语系英文专业——仅仅这个背景在我们那样的小城里就已经带上了某种光环。她跟随被划为右派的丈夫，来到婆家落户，靠私下教授学生自谋生路。我每周三次风雨无阻地骑着自行车到她家中听课。在这里我使用了"听"这个字，并非随意或跟从惯例，我是另有所指，因为她授课的重点在训练口语。我们（我和她的其他学生）绕着她坐成黑压压的一圈，听她给我们讲述各种各样在当时的英文教材中从未出现过的新奇故事。我们的听力神经扯得很紧，紧得像一张满弓，因为两遍之后，我们就得按照她的要求挨个重述那个故事。她的评判标准是由两部分组成的，一部分是看我们是否听懂并记住了诸如时间地点人物之类的关键信息，另一方面是看我们使用的词句和语法是否正确合宜。就这样，我们用自己漏洞百出的破英文句子糟践着她的好故事，一个又一个，一次又一次，每重述完一个故事，常常已是一脸一身的汗水。渐渐的，那堵挡在我们跟前的黑墙裂开了口子，那些口子四周长着裂纹，裂缝如萝藤一样延伸交缠。终于有一天，所有的口子都窜通成一气，墙轰然倒塌，我们走到了墙的那边。我们发现我们的英文不再仅仅是脑袋和眼睛，它也成了耳朵和嘴巴。它还是脚，领着我们走入他人的世界。它甚至还是手，带我们叩开灵魂和灵魂之间的那扇门。

周老师的教学特色，基本可以用两个成语来概括：循循善诱，不怒自威。前者是指方法，后者是指态度——她的眼神中始终闪烁着一丝威严的光，即使当她背对着你。学生中有愚顽或懒惰者，常会遭致她不留情面的呵斥。隔着几十年的距离再来回望那段经历，她的威严所带来的恐惧早已消散，如今想来满心竟是感激，因为她教会了我一样学习方法，我把它延伸应用到了外语之外的几乎所有学习过程中。到后来，它几乎成了我的处世态度，我用它来抵御着各种不求甚解和模棱两可。

周老师虽然靠私授学生维生，但她并不滥收学生。她衡量一个学生是否可教的一个重要标准，是看这个学生的中文功底如何。她认为中文底子厚实的学生，外语水平的提升只在时日。在她的信念里，母语是一切语言赖以衍生的根基，而任何一门外语，都不过是母语根基之上抽出的一条枝桠，结出的一枚果实。根若厚实，枝必繁茂；而根若浅薄，枝必萎靡。她依此原则收了一位英语测试成绩只有十几分，而中文功底颇为深厚的学生，这位学弟后来果真考上了北京大学西语系，成为那个年代流传甚广的一个传奇故事。很多年后，我在海外偶然看到了徐志摩张爱玲的英文日记和随笔，不禁为他们在第二语言叙事中闪烁出的灿灿才华和机智幽默所折服，那时我才幡然醒悟：这两位并未经受过系统英语文学训练的大家，之所以能在非母语叙事中开出如此繁茂的花朵，着实得益于他们庞大精深的母语根系。我至此才真正理解了周老师当年如此关注我们语文功底的深邃用意。

　　1979年，我用从中学围墙之外东鳞西爪地学来的英文，叩开了复旦大学外文系英美语言文学专业的大门，我那口不入规矩不成方圆的英文，经受了一座名城一所名校的新一轮严苛审视——那将是另一篇文章里的另一个故事。我把我的英文比喻成一件百衲衣，每一个在我求学过程里与我相遇的老师，都在那件衣服上留下了自己的痕迹。我早已分不清哪一块布头来自何丽达，哪一片针脚来自前联合国职员或前教会学校教书先生，哪一条锁边来自周老师……我穿着这样一件百衲衣行走在第二语言的大观园里，感觉自卑，也感觉自豪。

　　那些年里对一门外语的单纯好奇，到如今似乎也没有完全泯灭。这些日子我常常在欧洲大陆游走，每经过一个语言不通的城市，我都会悄悄地问自己：在今天，我还会有兴致去缝制另外一件也许叫法语也许叫德语也许叫荷兰语的百衲衣吗？我还能有同样的耐心和勇气去面对那个冗长却不乏快乐的过程吗？我还会遭遇另外一个何丽达，抑或另外一个周老师？

　　Maybe（或许）。我对自己说。

华 子

十年追梦

40年前,我参加了77、78级两次高考。77级未被录取,78级考上了复旦大学中文系,圆了大学梦。

江苏省77级有两轮考试,11月28日初试,12月23日复试。直到10月21日《人民日报》发文章,我才相信真的恢复了高考。这时,对我而言,考大学,是梦想,更如做梦。首先,我实际上只读了一年不到的初中,后来也与"文化"不沾边——1969年初投亲插队,因成分问题,我种地十年,成了干农活的一把好手。

江苏是农业高产区,高产是像绣花一样精耕细作的结果,精耕细作意味着我们得一年忙到头。一次"双抢"插秧,田里野菱的尖角刺进了脚,没空找针挑,愣是等化了脓,连脓带刺一起挤出来的。除了忙,农村的文化元素更少,很难见到有字的纸。幸好还有"敬惜字纸"的习俗,让我的追寻不时也有收获。一次在一位小学校长家找到一本油印的《怎样识五线谱》,我饥不择食,对每个字符都研究了一番,直到自认为弄懂了为止。1971年,队里会计悄悄告诉我一个信息:另一个公社的新华书店来了一批《新华字典》。我毫不犹豫,隔天走了36里路,花一块钱,抢购到一本。字典,那可是字字珠玑,偷挡搂空就犒赏自己一点。那时虽已有电灯,但要节约用电,每家只准开一盏灯。我是投亲插队,这盏灯不可能在我桌旁。我备了一盏可调光小台灯,可调成5、3或2支光。经与生产队长软磨硬泡,而且保证只使用2支光,终于被破格获准使用台灯。由于电力不足,2支光的小灯泡只是微微发红而已,书只能离灯泡一寸远。脱粒时节,社员轮流加班,随着一捆捆谷物的喂入,脱粒机一阵阵加大马力,小灯泡就一次次熄灭。还经常停电,只能用煤油灯。因为按人口供应煤油,只能使用比较省油的、用墨水瓶自制的土灯。土灯亮度和高度都有限,灯放在书后、书侧都看不出,只能抱着灯看书。过不多久,脸上、鼻孔里就被煤油烟熏得黑乎乎的。就这样,把一本《新华字典》从凡例一直看到化学元素周期表。虽然生吞活剥、丢三忘四,但那时,她是我唯一的语文老师。

1974年,风声松动了一些,我也迁到陶文绫舅妈家。她在公社中学当初中语文老师,能不时悄悄带回一本书,如《中国上古史演义》《德伯家的苔丝》,有一次是一套线装的《聊斋志异》。当时的规矩是:不能打听书的来源,保证按时还书。借阅期限有时只有一个晚上。我是计划外读者,只能她看上半夜,我看下半夜。好在照明条件已有改善,可以根据眼睛的疲劳程度,将台灯的亮度从2支光逐渐调到5支光。可能看《聊斋志异》的人不多,能留两星期,容我逐字查字典。一字多解,要根据上下文挑一解;又要断句,才能读通。一行字可能要看几遍。当然,慢慢地越看越快,最后可一目数行了。这套书啃下来后,文言阅读能力大为提高。后来应付语文卷中加标点、文言题的能力,主要来自于此。

文科要考五门。历史,是我的爱好。地理,从小是我的强项。时常为人代笔大批判稿、学毛选经验交流稿,政治的问题似乎也不大。只有数学是拦路虎。好在我的初中是在控江中学读的,遇到了很好的数学老师胡庚麟。他孤儿出身,自学成才;要求我们学在他教学进度的前面。他上课,深入浅出,比喻恰到好处;如何解题一带而过,却花大量时间推导定理。书上定理都用长方形框框着,像条头糕。数学课总排在上午第四节。每次推导,他就会露出一脸坏笑:"肚子饿了吧,给你们吃根条头糕。"久而久之,"条头糕"就成了他的绰号。经他引导,我们知道必须透彻理解定理,才能应付千变万化的题目;班上自学数学成风,暗暗较劲,看谁学得更快。当时的自修课最兴奋,七八个人将座位换到一起,有人叫"一、二、三——开始",各人每做好一题就报答案,看谁做得又快又准确。

虽会自学,还是困难重重。首先,没有教材和老师。我父母不是知识分子,不可能得到《数理化自学丛书》之类紧俏书。幸好,我们大队团支部书记是当地高中毕业生,留有一套教材。她也要考大学。复习之初,我们两人进度差不多,同一本书,她白天看,我晚上学;遇难题共同切磋,仍不能解决的,留待请教老师。积累了一批难题后,我们走了三四里路到了她的母校。老师身边围了七八个学生,估计半天都轮不到我们。只能回家,搁置难题。学到后面,再看难题,大多可以迎刃而解。非常可惜,她未能考上大学。

其次,时间太紧。从确信恢复高考到初试只有38天。我立即进入应急状态,时间以"分"来计算和安排。多次熬过通宵,实在太累了,和衣在被子上靠一会,以省下脱衣服和叠被子的时间。急速复习了小学六年级和初中一年级的数学,自学了后五年的数学,就去参加了高考。

好事必须多磨——我参加了复试,未被录取。两轮各考几分,不得而知。我一直以为是考分不够。二十多年后才知道,77级还看成分。不过,77级即使被录取,恐怕也进不了复旦。

紧接着是78级高考。我犹豫了,考还是不考?年龄偏大、女性、英语全忘,三个不利因素让我退却了。幸亏遇到了高人点拨和帮助。陶文绫老师劝我:"高个子上届都考上走了,这届是在剩下的矮子里面挑将军;你参加过复试,你就是将军。我们学校办了高复班,免费为大家复习,我可以介绍你进去。"我再次振作精神,成了高复班的插班生。这时,离高考还有97天。

对我来说,高复班太给力了。有老师,有油印教材。教历史和地理的是张瑞麟老师。他是南京师范学院地理系"文革"前的毕业生,讲课简明扼要,重点突出。教室四周墙上挂满各种地图:天体地理、世界的、中国的、交通、矿产、港口、人口……我进班时,地理已经讲完。张老师每节历史课留5分钟,概要地再讲地理。他对同学们说,如果每天不讲一点,恐怕你们学完历史已经把地理忘了,但私下对我说,这5分钟是为你讲的。考前连续三个晚上,他拿着考试大纲,听我讲历史和地理,他纠正和补充。结果,我这两门课都得了高分。政治老师本身就是考生,备课特认真,我获益匪浅。语文有两位老师,我的作文本上都能看到他们的精心批改。

最难的还是数学,占用了我三分之二以上的时间和精力。急学过的又忘了不少,只能从头再来,但是感觉比当初容易多了。数学公式没推导过,不巩固,只能用毛笔全部抄了挂在墙上,抬头能见,强记硬背。又抄一张小纸,临进考场再背一遍,进去即上缴监考老师。发下考卷,先粗看各题可能用哪些公式,写在草稿纸上。记得数学共5

题,每题20分。仔细一看,真正会做的只有第一题,心绪大乱。第一题有5小题,每小题4分。慌乱中,错了一小题。边做边调整心态:我只是68届初中生,考不上很正常,考上了是偶然。第一题做完,心态已调整好,再看第二题,也不在话下。第三题花了很长时间,又攻下了。第四题应该做不出,只是不想浪费时间,试试看而已。谁知,连猜带蒙也做出来了,但不知对不对。第五题不知从哪里下手,稍看了一眼,时间已到。出了考场,才知道已下过一场大暴雨,考试中竟全然不知。高复班老师等在门口与我们对答案,第四题居然答对了!结果,数学得了76分,以407的总分跨过复旦的门槛。我们高复班文科有两个班,只考取二人:政治老师和我。老师们戏言,文科班是专为我办的(进复旦后才知道,我的年龄属中等,性别无歧视,英语成绩并不参考)。

回到正题。能圆大学梦,有偶然性,也有必然性。偶然性是好运连连,首先,遇到三位好老师:胡庚麟老师给了我自学的方法和勇气;陶文绫老师带着我读书,在我彷徨时,将我人生的轨迹拨了一下;张瑞麟老师帮我提高了两门课的成绩。关键的好运是连猜带蒙的数学题做对了。必然性是有梦、追梦。没有梦,哪有《新华字典》《聊斋志异》们;没有白天苦干、晚上苦读模式下的积累,恐怕也无法应付文科的高考。十年追梦,68终成78。

吴 非

铁匠和理发师

童年,我活动的范围很小,每天上幼儿园,到后来读初小,经过的那几条街巷,成为永久的童年画面。虽然算是市中心,几幢高大的民国建筑背后的寻常巷陌,手艺人特多:裁缝,弹棉花的,木匠作坊,箍桶匠,补锅匠,铜匠,铁匠铺……简直应有尽有,儿童眼中,人们以各种各样的方式生活,各种手艺活,各种特别的工具,都吸引过我。六十多年过去,几回重走旧街,面目全非:高楼林立,遮天蔽日;举目尽是广告,也有小店铺,多为快餐店和房屋中介;而且,时时得提心吊胆地防着汽车、电动车和摩托。——不知读者有没注意到:现在极少有小孩子独自在街上走,而当年四五岁的孩子能走好远。

我五岁时独自上幼儿园,大约要走七八百米,经过两条巷子,上"国府路"。下午四点幼儿园放学,我慢慢走回,一路看热闹,虽然不是每天都有"稀奇",但在儿童眼中,那就是整个世界了。再说街巷没什么车,偶尔有辆汽车开进来,那才算"稀奇"。那年月,南京街头马车很多,有拉货的,也有载客的。幼儿园就包过马车去东郊春游,每辆马车能坐近二十个小朋友,我们都很听话,从没发生从马车上摔下的事。那种敞篷马车,后来在欧美见过,好像没我小时见过的宽大,不过,也许是我那时个头太小了。因为马车多,街巷里就有马掌匠。我五六岁时,经常去看马掌匠给马钉马蹄铁,那"量蹄定做"的过程在我看来很慢,要等好一会儿;做好了,再次用绳子把马腿别起来,掌钉子。我总觉得把马蹄铁钉在马掌上惊心动魄,该有多疼啊,但不知为什么马并不哭喊发狂。钉完四蹄,主人牵着马离开,走在小巷潮湿的路石上,新马蹄铁声的的达达,犹在耳边。

马掌匠只做马掌,也不是每次去都能看到钉掌。我更愿意去巷口铁匠铺看铁匠打铁。师傅从炉膛里钳出火红的铁块,放在铁砧上敲打;师傅用小锤,帮工用大锤,叮叮当当,有节奏地响个不停。小锤双击停下,师傅把器件举起来就着炉火端详,脸上映出一片火红,尔后又放进炉膛,钳出下一块,继续打。如果看看差不多了,就把器件放进水中淬火,滋啦一声,热气升起来,小铺子一片白汽。我小学毕业时,铁匠铺还在。那师傅大约有五十多岁,举大锤的帮工面目不清,应当年轻一些,只记得大冬天也只穿着个背褡,露出红铜色的胳膊。成年后看健美比赛选手的照片,亮出的那些肌肉,未必有多美;但我会因此想起童年时见过的抡大锤的铁匠帮工,在那叮叮当当的铁砧边,炉火映出的油黑的脸庞。现今的肌肉男子多是健身房靠器械练出来的,他们不会打铁。我教书多年,很多学生虽然常用"锻炼"这个词,却不知本义,更无从想象炉火映照的劳动场景,因为他们没见过铁匠铺。当然,我也不如精疲力竭的铁匠能深知"千锤百炼"的意思。

小时候,我们把理发店叫"剃头店",街角剃头店老板姓孙,一想起他,耳边仿佛响起他的咳嗽声。五十多年过去了,我至今记得他的习惯,总是咳嗽,戴个口罩,也许是怕唾液喷到顾客脑袋上。说是"老板",也就他一个老头,连个帮工也没有;街角一间小屋,七八个平方,一把老式的理发椅,门口也没有旋转的三色灯箱。孙老板靠一把推子一把剪刀养活全家,他肯定满怀希望——独女儿考上了中专,以后会有好的工作,成为"公家人",街坊恭维孙老板,往往是这个话题。他剃头,慢吞吞的,还不让人动弹,我稍稍想活动一下手脚,他就在我脑袋上敲一下"别动!"我上课时七八分钟还能动弹两下,老师看不到;但孙老板不准我动弹,令我心怀恐惧。每次剃头要等一个小时,因为他的慢条斯理,每个人要剃二十分钟,这对我简直如同受刑。但不知为什么,街坊都爱到他那儿排队去受罪,也许就是来享受他的"磨功"的。后来我上中学,学校有理发室,剃头五分钟,真爽快,从此摆脱孙老板。中年,常去附近一家国企的理发室,速度创纪录,最快的一次,三分钟搞定,这让我很开心。但由此也感慨:那个孙老板没过上好日子,他一天顶多剃二十个脑袋,儿童五分钱,成人一毛钱,从早到晚站着,累得要命。现在,我常常想起他,他其实可以动作快一些,即使不为多挣钱,也能多休息;然而,也许他做徒弟时,师傅就是这么教他"顶上功夫",慢功出细活的。

  铁匠,理发师,还有更多的匠人,劳作的人,永远活在我的记忆中。绝大多数被称作"普通百姓"的人,就那样过着平凡的生活。底层手艺人的平凡,未必磨灭劳动趣味,收入的微薄也未能腐蚀匠人的诚信。有人几十年如一日在工作台前手工制作器物,有人终身敲敲打打替人修修补补,有人一生耗在机器的轰鸣声中,更多的人在种地,祖祖辈辈的汗水滴在同一块地上……只要没有剥削没有压迫,只要人能保持自由意志和劳动的愿望，所有的行业都是平等的。劳动者爱自己的行当，在于领略职业意趣，在谋生的同时，逐渐认识劳动的精神价值。

在欧洲旅行，特别爱看老街上精致的小店铺：裁缝戴着眼镜安静地制衣，理发师从镜子中端详客人的发式，食品店员把架子上的火腿摆排得像仪仗队，穿戴整洁的面包师从老式炉膛中取出烘焙好的糕点……鞋店师傅小心翼翼地在皮料上画线，让我想起《品质》中的格斯拉——高尔斯华绥笔下的那个宁可穷饿而死也不愿意粗制滥造的靴匠。他们劳动时神情庄重从容，也让我想起陪伴了我童年的铁匠和理发师。

李 戎

外来人的成年礼

我小时候的潮州,是个很小的县城。城里只有一条主要的街,纵贯南北,我们都管它叫大街。这种命名法倒是很美国:美国好多城市都有一条叫 Main Street 的主街。这样想想,家乡马上洋气起来。

我家住在古城的北门,离李嘉诚旧居直线距离不到 200 米。他家门口的北门街,就是我们家买菜的菜市场。

小时候经常要跟外婆去走亲戚。每次都是去她的妯娌在南门外猷巷的家,抽根烟、聊聊天,全是小孩觉得特别无聊的行为。从北门走到南门,大概有一千两百米远。这对四五岁的孩子来说,是有如长征一样的距离,每次都是走到腿快要断的感觉。这样断腿的行程,每个月一般有两次。

等我很大以后,才知道,我和外婆走那么远,是去借钱的。我的父母在各自的家里都是长子长女,上有老下有小,还各有弟妹,每月的工资都是入不敷出,每到月底就得去亲戚家借钱周转。外婆是前清末代秀才的儿媳妇,每次去,都会委婉地说,"哎呀,今天怎么搞的,出门忘了带钱了,先借 5 块钱去买菜。"她的妯娌无比默契,绝不多问半句:为什么每次出门都会忘带钱。就这样月底借,月初还,循环往复,传统的民间无息小贷金融满足了我们一家的现金流需要。

我在潮州出生长大的那些年,潮州的地位很低,被汕头管辖着。我的同学到外面上大学被人问起籍贯,还要怯生生地说,"我是汕头潮州人",生怕出生地名头太小。但其实,潮州祖上是很阔的。

1858年《天津条约》签订时,潮州就是其中约定的对英法美开放的五大通商口岸之一。但由于潮州城区三万民众的强烈反抗,外国人主动放弃在潮州城区贸易,改到相对安全的汕头设立海关,进行贸易。在此前,汕头只是一个小小的渔村,就像改革开放前的宝安一样。但此后,汕头以其优越的地理位置和相对安全的环境,逐渐超越了潮州城区,成为粤东的经济中心。1981年更被批准设立经济特区,自此一骑绝尘,把潮州留在了岁月里。1940年逃难离开潮州的李嘉诚先生,也把他要捐给家乡的大学放到了汕头。

潮州有个叫"时钟楼"的建筑,其实是个教堂。这个叫圣母进教之佑大堂的建筑是天主教在潮州的哥特式教堂,历时19年打造,建成于1904年,当时的规模在广东省内仅次于广州圣心大教堂。

1904年的潮州还有另一件盛事:当年的8月19日,通往汕头的潮汕铁路开工建造,这是中国近代史上第一条商办铁路,1906年11月16日建成通车。这条全长42公里的铁路花了200万美元(约等于今天的6 000万美元),工程由日本工程师佐藤兼之铺主持,枕木和车厢来自日本,钢轨和火车头则是美国制造。饶宗颐的《潮州志·交通志》记载:"因潮汕铁路控制福建西南及广东东部出海要冲,营业额甚为可观,日均货运量约为100吨以上,收入几乎可以和日本东海道的铁路相等,是当时中国营业状况最好的铁路之一。1939年潮汕战役爆发,6月16日因潮汕铁路遭受侵华日军的飞机轰炸破坏,被当时广东省保安处和第四战区汕头前敌指挥部下令拆毁。抗战胜利后,潮汕铁路公司无力再兴建恢复铁路,于是在原铁路路基的基础上将铁路开辟为公路,即为现在的潮汕路。"

这条已经不复存在的潮汕铁路和我外婆是同龄人。同样生于1906年的外婆一生受尽磨难,但对儿孙只有慈爱。她身上有中华传统文化的一切美德,一直隐忍,从未听她抱怨半句。她和我还是中学的校友,到我上大学时,她还跟我通信,尽管因为眼花,字写得斗大,每页信纸上只能写七八行字。我很自豪,因为同学里面,虽然也都会收到家书,但没有人会收到外婆的亲笔信。

我和外婆上的中学,是潮州当地有名的学校,前身是创办于光绪三年(1877年)的金山书院,因古籍藏书丰富成为当时名人学者的聚集地。后来数易其名,从潮州中学堂,到省立潮州中学、省立潮州金山中学,再变为广东省立第四中学、广东省立金山中学、潮安县立第一中学,现在叫潮州金山中学。

八十年代的金山中学在全省都有竞争力,进了金中,上大学就相对有把握了。

1987年,我顺利考上第一志愿,到广州念书。就像江浙子弟都要往上海聚集一样,粤东粤西粤北的年轻人,到省城去发展是理所当然的选择。

那一年九月的一个清晨,坐了一个通宵大巴的少年人睡眼蒙眬地在广州小北下车,到达了他人生中最重要的一个城市。他并不知道从这一天开始,自己会在这个城市待足30年,还或许会更长。

那天清晨微凉的风,就像是一场成年礼,提醒自己已经永远离开父母的羽翼,潮州则是一个逐渐远去的故乡。

广州的一切,对小镇青年来说是大开眼界、目不暇接的新鲜。

从车站到学校,会经过当年羊城八景之一的区庄立交。要知道潮州连行人天桥都没有,而广州的第一座立交桥区庄立交可是有多达四层互不干扰的路面啊。看着前后左右上飞下穿的车流,恍然有小灵通漫游未来的即视感。

作为一个外来人,广州最让我迷恋的地方是它的自由、包容和契约精神。

虽然历史上中国的政治中心都在北方,但广州是近代革命的策源地。康有为梁启超孙中山都从这里北上。黄埔军校在广州,农民运动讲习所也在广州。今天的先烈路上,还可以看到纪念淞沪抗战中英勇捐躯的十九路军将士的凯旋门,上面写着"碧血丹心"。黄花岗七十二烈士墓中,是高高耸立的自由女神像,纪念那些为了理想、为了民族的未来无惧牺牲、浩气长存的林觉民们。

广州从两晋南北朝时期起就是中国的海上贸易中心。到唐代,聚集在广州的外商已经有十多万人。从此,广州成为中国最早对外开放,并从未关闭过的贸易通商口岸,不仅是全国最大的贸易港,也是世界性的贸易大港,更同时是中西文化宗教的交流重地,各国高僧、传教士陆续经由广州来到中国。至明代闭关锁国,实行海禁时,广州也是向大部分国家开放的唯一通商港口。清朝乾隆年间,广州更成为"一口通商"的那一口,广州十三行垄断了大部分中国的对外贸易,广州成为当时世界第三大城市,仅次于北京及伦敦。1842年的

《南京条约》开通广州等五处为通商口岸。新中国成立后的对外商品交易会,自然也设在广州。

港口城市的气质就是包容,广迎天下客,来的都是客。而成为商都最重要的条件就是契约精神。

在广州待了三十年。虽明知去北京、上海会有更多的机会,更大的发展,但我没有离开,而是用三十年的时光把广州住成了生命中最重要的地方。

郑海歌

虎丘路50号的记忆

虎丘路50号原先是文汇报印刷厂的入口，后来建新楼，又变成了文汇大厦的正门。我的有关虎丘路50号的记忆，与文汇报的风风雨雨是是非非没有关系，只是因为少年时节曾经在那里生活过，脑海才会时常跳出一些朦胧的片段。

从安徽刚到上海的时候，和父母住在虎丘路的文汇报宿舍，或者是招待所，旧租界的老式大楼，和文汇报紧挨着，不是虎丘路48号就是52号，两幢楼之间的距离很近，伸出手就可以碰到对面窗台的感觉。我们住在四楼，因为楼和楼之间太拥挤，几乎终日看不到阳光，但是窗户对面就是文汇报食堂的一个角落，正巧那个角落里放着电视机，趴在家里的窗台上就可以看到对面的电视，听不真切，画面却能看得很清晰。那时候黑白电视机都是稀罕货，文汇食堂里却有一台彩色的，节目不是很多，主要放些《新闻简报》和电影，记得有放过《闪闪的红星》。

当时父亲去奉贤的一个五七干校，母亲在南市的豫园中学教书，大概是怕汽车太拥挤，或许是嫌倒车转车耗时太多，她很多时间都是走着去上班。母亲又是个有点循规蹈矩的人，无论刮风下雨都不愿意迟到,她总是上班很早,下班很晚,我醒之前就出门,要等到天黑以后才能回到家,妹妹当时还在安徽老家跟着奶奶住,所以严格地说,那段时间是我一个人独自生活。虽然是一个人,却并没觉着很艰难,一日三餐,洗澡看病全都在文汇报社里搞定了。我几乎把报社当成家,即便后来搬到南市以后,这种感觉也没有马上消散,一有机会我还是往报社里跑,直到有一天,新来的门房把我拦住,问我要找谁,那时我才意识到,这里只是父亲上班的地方。

  住的大楼虽然很暗,却有电梯,那种两道铁栅栏为门的电梯,哗啦啦地拉上铁栅栏,再扳操作杆就可以了,站在电梯里,可以看到外面一层层地上下。这种电梯现在大概只有在早期的电影里还能看到。电梯使用有时间段,还有专门的人操作,开电梯的是我们邻居。忘了大楼的其他楼层是干什么用的,肯定不全是住家,住家在四楼。下电梯右手边两扇高大的双扇门里面是我们住的地方,就我们一家,左手边没有门,里边也大很多,住了好几家人,不是报社职工家属,好像是什么外贸公司的。住的地方没有厨房,不过我们也不需要,反正不开伙,我的早中饭都自己在报社食堂里吃,下午放学后先从食堂里拎两瓶开水,晚饭时再去食堂把饭打回家,等母亲回来一起吃。要是凉了,煤油炉热热就行。我们家也没有餐具,用的全是印了文汇报字样的搪瓷碗。

  当时身上还带有农村孩子的野性,但毕竟人生地不熟,有种虎落平阳的感觉,所以活动范围很有限,朝南跑到南京东路新华书店看二分钱一本的连环画,向北跑到苏州河边,趴在围栏上看人在乌黑的河水里用小网兜抓鱼虫。上学的四川中路小学其实也在虎丘路上，就在马路对面，红色的几层砖房，没有操场，学校隔壁是一片很大的弄堂，横横竖竖的很复杂，弄堂的入口在住的大楼对面，另一个出口开在四川中路上。学生早晨做广播体操就在弄堂里。学校开会好像借过虎丘路头上的外贸会场。那时候的政治气氛很浓，小学生屁事不懂也要读报学文件，而文汇报又是最为流行的报纸，我会找机会偷拿报纸到学校。其实机会也不多，虽然天天进印刷厂，但是不敢乱跑，不知道成品的报纸是从什么地方出来的。报纸一般会在很早的时候通过传送带传到外面马路的人行道上，然后有邮政车来取，报纸一捆一捆的扎得很结实，很难从中抽出一张。只有在报纸没捆紧并且邮政车又来得晚的时候，才有机会顺几张，揣在怀里往对面的学校里跑。

那时候文汇报有两个门，圆明园路进去是编辑部，还有医务室，面朝外滩黄浦江，整洁明亮。虎丘路进去是印刷厂，黑暗油腻。不仅是两个入口，感觉还不是同一幢楼，因为不是每个楼层都能相通，四楼中间有个通道，可以把两个区域连起来，大概是因为食堂在四楼，位于在印刷厂这一边。圆明园路入口的地方也有个电梯，但是我几乎不用，曾经坐过两次，可能是下错了楼层，都迷了路，只好顺着楼梯走到底层，然后再走上去到食堂。我去食堂一般都走虎丘路，因为近很多。但是虎丘路晚上经常关门，那就得绕个圈子从圆明园路进，所以开水我一般都是放了学就打好，免得负重多走路。有一天穿着人生第一双猪皮皮鞋打开水，拎着两个热水瓶从这边四楼爬上爬下，又从那边四楼爬下爬上，到家门口时，突然在楼梯上绊了一跤，碎了一个热水瓶，热水透过竹壳的缝隙全撒在左脚上，当时只是感觉一热，没觉着很疼，回到家看看，只是红了一片，也就没在意，把鞋带扎扎紧就去看连环画了。大概还没走到南京路，脚就开始疼得厉害，回来的时候就一瘸一拐了。隔壁阿婆看到后一检查，赫然一个大水泡，阿婆有点大惊小怪，一边哎哟哎哟地惊叹，一边说：这样怎么行，我去报社帮你叫人。颠颠地去了。很快杨医生带着助手过来，用烧过的小剪子挑开水泡，再浇双氧水消毒。后来学化学，只要提到过氧化氢，双氧水，我眼前立刻会出现那次脚上烫伤处突突突冒白泡的情景。接下来的好多天，每天要到报社医务室换药，烫伤很快痊愈了，也没留下任何疤痕。

从虎丘路入口进报社，除了路近，还另有一个吸引我的地方，在油腻的楼梯上，常会散落一些铅字，小小的方长条，一个字一小条。可能工人排字的时候不小心遗落在那里的，也可能是磨损后淘汰掉的。上下楼梯的时候我总是盯着楼梯看，有时候也会特意去溜一圈，试试运气看能不能找到一个。坚持不懈，最后竟然收集了小小的一盒，更神奇的是竟然收集到了自己的名字。虽然字号有点不一样，把那三个小铅条用橡皮筋绑在一起，可以书上作业本上到处按自己的名字。当时的考卷都是刻在蜡纸上然后油印，在这种油印的考试纸上按上铅印的名字（用墨水，字有点糊），在当时不是一般的炫酷。有时也把捡来的字送给同学，没有找到他们的全名，多是名字中的一个字，或者是他们自己喜欢的字，就凭着这铅字，也拉拢好几个同学陪着一起玩。

大概父亲去五七干校前有过托付，也大概是别人看我一个乡下孩子不容易，所以报社的人对我都不错。父亲一个办公室的同事当时给我起了个绰号"黑蛋"，慢慢大家都这么叫。因为最常待的地方是食堂，吃饭，打开水，看电视，都在食堂里。所以和食堂里的人搞得一团热。当时负责食堂的是罗师傅，我就罗伯伯长罗伯伯短地叫，很是会察言观色，比成年后机灵多了。机灵的好处就是能得到一些特别的照顾，比如说夏天喝酸梅汤就会比报社的职工有保障，因为罗师傅在酸梅汤被喝完之前，总是会给我留一保温杯。还比如会预先知道中午吃什么菜，如果有自己喜欢吃的，就提早点去排队。

回想当时文汇食堂的情景，突然觉着有件事情无解，当时什么都是定量供应，柴米油盐布，鸡鱼肉蛋奶，但是报社的伙食还真是不错，毛泽东生日那天还加餐，发的是特别的加餐饭菜票，印象中是印在粉红纸上的，我记不清楚了那个饭菜票是不是要自己花钱，能记住的是那天好吃的东西真的很多。报社里有那么多吃的，肉票鱼票是从哪里来的？

午饭的时候食堂里人最多，菜的品种也多，我平时都是一荤一素，偶尔也会两个荤。有一次先叫了个咸菜黄鱼汤，这种地道的宁波风味完全不符合我的淮北胃口，趁人不注意悄悄地倒掉，又买了个肉，换张不同的桌子挤在大人中间，不知道是哪个细心的人发现后开玩笑说：哎哟，黑蛋有点资产阶级哦，两个荤菜，比我们上班的吃得都好。旁边的人于是也跟着添油加醋开玩笑。那次大概是觉着倒掉一份咸菜黄鱼有点罪恶感，所以对玩笑特别敏感，接下来的一个星期赌气只吃青菜，结果又被别人发现不同，还是被拿来开玩笑，搞得我吃也不好，不吃也不好。

和中午比，早晚吃饭的人没有那么多，选择也没那么多。我的早餐总是千篇一律，两个肉包，一碗稀饭，一碟酱菜。罗师傅也让我试过别的，比如薄荷糕、松糕、麻球什么的，试过后，我还是觉着肉包过瘾，就这样，这个早餐组合吃了整整一年。十几年后我大学毕业，有次去北京，在文汇报北京办事处借住一晚，巧得好，那时打点北办总务的正是罗师傅，晚上负责烧饭的北京大妈问，晚上想吃点什么，面条还是炒疙瘩？罗师傅在旁边说：两个肉包，一碗稀饭。我听到后，眼睛不由得一热。

图书在版编目（CIP）数据

甜如蜜：2017笔会文粹/笔会编辑部编. —上海：文汇出版社，2018.8
ISBN 978-7-5496-2664-9

Ⅰ.①甜… Ⅱ.①笔… Ⅲ.①散文集—中国—当代 Ⅳ.①I267

中国版本图书馆CIP数据核字（2018）第151020号

甜如蜜

2017"笔会"文粹

编　　者/文汇报"笔会"编辑部
封面作画/冷冰川
责任编辑/何　璟
装帧设计/周　晨

出版发行/文汇出版社
　　　　　上海市威海路755号
　　　　　（邮政编码200041）
经　　销/全国新华书店
排　　版/南京展望文化发展有限公司
印刷装订/上海雅昌艺术印刷有限公司
版　　次/2018年8月第1版
印　　次/2018年8月第1次印刷
开　　本/890×1240　1/32
字　　数/190千字
印　　张/8.75

ISBN 978-7-5496-2664-9
定　　价/42.00元